अजातशत्रु अटलजी

भारत भूषण

प्रभात
पेपरबैक्स
www.prabhatbooks.com

प्रकाशक

प्रभात पेपरबैक्स

4/19 आसफ अली रोड, नई दिल्ली–110002

फोन : 23289777 • हेल्पलाइन नं. : 7827007777

इ-मेल : prabhatbooks@gmail.com ❖ वेब ठिकाना : www.prabhatbooks.com

संस्करण

प्रथम, 2021

अ.मा.पु.स. 978-93-90378-61-6

★

AJAATSHATRU ATALJI
by Shri Bharat Bhushan

Published by **PRABHAT PAPERBACKS**
4/19 Asaf Ali Road, New Delhi-110002

ISBN 978-93-90378-61-6

ऊँचाई

ऊँचे पहाड़ पर,
पेड़ नहीं लगते,
पौधे नहीं उगते,
न घास ही जमती है।

जमती है सिर्फ बर्फ,
जो कफन की तरह सफेद और
मौत की तरह ठंडी होती है।
खेलती, खिलखिलाती नदी,
जिसका रूप धारण कर
अपने भाग्य पर बूँद-बूँद रोती है।

ऐसी ऊँचाई,
जिसका परस,
पानी को पत्थर कर दे,
ऐसी ऊँचाई
जिसका दरस हीन भाव भर दे,
अभिनंदन की अधिकारी है,

आरोहियों के लिए आमंत्रण है,
उस पर झंडे गाड़े जा सकते हैं,
किंतु कोई गौरैया,
वहाँ नीड़ नहीं बना सकती,
न कोई थका-माँदा बटोही,
उसकी छाँव में पल भर पलक ही झपका सकता है।

सच्चाई यह है कि
केवल ऊँचाई ही काफी नहीं होती,
सबसे अलग-थलग
परिवेश से पृथक्,
अपनों से कटा-बँटा,
शून्य में अकेला खड़ा होना,
पहाड़ की महानता नहीं,
मजबूरी है।
ऊँचाई और गहराई में
आकाश-पाताल की दूरी है।

जो जितना ऊँचा,
उतना ही एकाकी होता है,
हर भार को स्वयं ही ढोता है,
चेहरे पर मुसकानें चिपका,
मन-ही-मन रोता है।

जरूरी यह है कि
ऊँचाई के साथ विस्तार भी हो,

जिससे मनुष्य
ठूँठ-सा खड़ा न रहे,
औरों से घुले-मिले,
किसी को साथ ले,
किसी के संग चले।

भीड़ में खो जाना,
यादों में डूब जाना,
स्वयं को भूल जाना,

अस्तित्व को अर्थ,
जीवन को सुगंध देता है।

धरती को बौनों की नहीं;
ऊँचे कद के इनसानों की जरूरत है।
इतने ऊँचे कि आसमान को छू लें,
नए नक्षत्रों में प्रतिभा के बीज बो लें,

किंतु इतने ऊँचे भी नहीं;
कि पाँव तले दूब ही न जमे,
कोई काँटा न चुभे,
कोई कली न खिले।

न वसंत हो, न पतझड़,
हो सिर्फ ऊँचाई का अंधड़,
मात्र अकेलेपन का सन्नाटा।

मेरे प्रभु!
मुझे इतनी ऊँचाई कभी मत देना
गैरों को गले न लगा सकूँ
इतनी रुखाई कभी मत देना।

अटल बिहारी वाजपेयी

अजातशत्रु अटलजी

> *आप मित्रों को बदल सकते हैं, लेकिन पड़ोसियों को नहीं।*
>
> **—अटल बिहारी वाजपेयी**

अटलजी एक सम्मानित राजनेता हैं, जो तीन बार भारत के प्रधानमंत्री बने। भाजपा के कद्दावर नेता अटलजी, पहली बार महज 13 दिन के लिए भारत के प्रधानमंत्री बने और इसके बाद 1998 से 2004 तक लगातार दूसरी और तीसरी बार प्रधानमंत्री बने। उन्होंने विज्ञान और प्रौद्योगिकी के क्षेत्रों में सुधार किए और उनकी उपलब्धियों से भारत में समृद्धि आई। उनमें भाषण का बेजोड़ कौशल है, जिसमें देश और नागरिकों के लिए उनकी गहरी चिंता दिखाई देती है। उनकी वाक्पटुता उनके महान् नेतृत्व की गुणवत्ता को बढ़ाती है और उनके भाषणों में व्यक्तिगत रूप से किसी की आलोचना बहुत ही कम देखने को मिलती है। जहाँ उनकी विनोदपूर्ण टिप्पणी से उनके विपक्षी कसमसा उठते हैं, वहीं ये किसी के दिल को ठेस नहीं पहुँचाती और उनके भाषण की उनके प्रतिद्वंद्वी भी प्रशंसा करते हैं।

1996 में वे महज 13 दिन के लिए प्रधानमंत्री बने, क्योंकि अन्य पार्टियों ने भाजपा सरकार को समर्थन देने से मना कर दिया था। 1998 में भाजपा ने उल्लेखनीय संख्या में सीटों के साथ फिर से चुनाव जीता, लेकिन उन्हें अन्य क्षेत्रीय पार्टियों के साथ एक कमजोर गठबंधन बनाने को बाध्य होना पड़ा। एक साल बाद, भाजपा ने

और सीटें जीतकर सरकार पर अपनी पकड़ मजबूत की। इस तरह से अटलजी 1998 से 2004 तक प्रधानमंत्री बने रहे।

उन्होंने प्रधानमंत्री के तौर पर पाँच साल पूरे किए और वे भारतीय राष्ट्रीय कांग्रेस के बाहर ऐसा करनेवाले पहले नेता थे। उनका जन्म मध्य प्रदेश के ग्वालियर में 25 दिसंबर, 1924 को हुआ। वे भारतीय जनसंघ (बीजेएस) के सदस्य के तौर पर पहली बार निर्वाचित हुए। 1977 में बीजेएस ने तीन अन्य पार्टियों को अपने साथ जोड़ा और जनता पार्टी की सरकार बनाई। जनता पार्टी की सरकार में अटलजी ने विदेश मंत्री का पद सँभाला और विदेश मंत्री के तौर पर उन्होंने महान् कार्य किए, जिनमें पाकिस्तान और चीन के साथ संबंधों में सुधार शामिल हैं।

1980 में भारतीय जनसंघ टूटा और अटलजी ने इसे भारतीय जनता पार्टी के तौर पर पुनर्गठित किया। उन्हें उनके भाषण देने के कौशल के लिए ख्याति मिली और उनके भाषणों ने उन्हें विपक्षी पार्टियों से भी सम्मान दिलाया। 1992 में वे मुस्लिम विरोधी कट्टरपंथियों द्वारा ऐतिहासिक मस्जिद ढहाए जाने के खिलाफ बोले और ऐसा करनेवाले कुछ ही हिंदू नेताओं में से वे एक थे। 1998 में परमाणु परीक्षण करने के भारत के निर्णय पर पश्चिमी देशों ने भारी आलोचना की, लेकिन अटलजी ने एक अवज्ञापूर्ण रुख अपनाया और इन परीक्षणों को जारी रखा। समाधानकारी हाव-भाव के जरिए भारत में मुस्लिम अल्पसंख्यक समुदाय का सहयोग करने के लिए कई बार उनकी सराहना की गई है। 2003 में उन्होंने पाकिस्तान के साथ लंबे समय से चल रहे झगड़े को खत्म करने की कोशिश की। उनके नेतृत्व में भारत में एक स्थिर आर्थिक वृद्धि दर्ज की गई और भारत सूचना प्रौद्योगिकी के क्षेत्र में एक वैश्विक नेता बना।

उन्हें भारतीय संसद् के निचले सदन लोकसभा के लिए नौ बार चुना गया और उच्च सदन राज्यसभा के लिए दो बार चुना गया। स्वास्थ्य से जुड़ी चिंताओं के चलते 2009 में सेवानिवृत्ति से पहले वे उत्तर प्रदेश के लखनऊ से सांसद रहे। 25 दिसंबर, 2014 को घोषणा की गई कि उन्हें भारत के सर्वोच्च नागरिक सम्मान 'भारत रत्न' से सम्मानित किया जाएगा। उन्हें खुद भारत के राष्ट्रपति द्वारा उनके घर पर 27 मार्च, 2015 को 'भारत रत्न' प्रदान किया गया। उनकी उपलब्धियों और इस देश के लिए उनके योगदान को देखते हुए उनका जन्मदिन 'गुड गवर्नेंस डे' के तौर पर घोषित किया गया।

अटलजी एक विनम्र स्वभाव वाले व्यक्ति थे और अकसर विपक्षी पार्टियों के नेता भी उनकी प्रशंसा करने से नहीं चूकते। राजनीति से संन्यास लेने के बाद वे अपना जीवन अपने घर में शांतिपूर्वक जिया। उन्हें भारतीय संगीत सुनने और नृत्य देखने का शौक था। उन्हें प्रकृति से प्रेम था और उनकी पसंदीदा जगहों में से एक जगह हिमाचल प्रदेश का मनाली था।

भारतीय जनसंघ

भारतीय जनता संघ को आमतौर पर जनसंघ के तौर पर जाना जाता है। यह 1951 से 1977 तक अस्तित्व में रही एक भारतीय राष्ट्रवादी राजनीति पार्टी और हिंदू दक्षिणपंथी संगठन राष्ट्रीय स्वयंसेवक संघ (आरएसएस) की राजनीतिक इकाई थी। वर्ष 1977 में भारतीय राष्ट्रीय कांग्रेस के शासन के खिलाफ कई अन्य वाम, मध्य और दक्षिण पार्टियों के साथ इसका विलय कर जनता पार्टी की स्थापना की गई। 1980 में जनता पार्टी के टूटने के बाद 1980 में भारतीय जनता पार्टी

(भाजपा) के तौर पर इसका पुनर्गठन किया गया, जो आज भारत की सबसे बड़ी राजनीतिक पार्टियों में से एक है। भाजपा विचारधारा के स्तर पर राष्ट्रीय स्वयंसेवक संघ के करीब है और इसके ज्यादातर राजनीतिक कार्यकर्ता और उम्मीदवार, राष्ट्रीय स्वयंसेवक संघ से आते हैं।

भारतीय जनसंघ ने भारतीय राष्ट्रीय कांग्रेस के कई आर्थिक रूप से रूढ़िवादी सदस्यों को भी अपनी ओर आकर्षित किया, जिनका जवाहरलाल नेहरू और कांग्रेस पार्टी की अधिक समाजवादी नीतियों और राजनीति से मोह भंग हो चुका था। भारतीय जनसंघ के सबसे मजबूत जनाधार वाले निर्वाचन क्षेत्र राजस्थान, गुजरात, महाराष्ट्र, मध्य प्रदेश, बिहार और उत्तर प्रदेश थे।

भारतीय जनसंघ के नेतृत्व ने पाकिस्तान और चीन के खिलाफ एक सख्त नीति का पुरजोर समर्थन किया और सोवियत संघ और साम्यवाद से दूरी बनाए रखी। भारतीय जनसंघ के कई नेताओं ने 1960 के दशक की शुरुआत में देशभर में गोहत्या पर प्रतिबंध का अभियान भी शुरू किया।

अटलजी का बचपन

अटलजी का जन्म कृष्ण बिहारी वाजपेयी और कृष्णा देवी के घर हुआ। उन्होंने अपनी प्रारंभिक शिक्षा ग्वालियर में सरस्वती शिशु विहार में ली। अपने पिता के प्रभाव में बचपन में ही अटलजी के भीतर साहित्य और काव्य के प्रति जुनून पैदा हुआ। उनके पिता एक कवि थे और दादा संस्कृत के पंडित थे। अपने घर में वे हिंदी और संस्कृत में बातचीत करते। अटलजी एक ऐसे परिवार में पले-बढ़े, जहाँ शिक्षा को

सबसे अधिक महत्त्व दिया जाता था। वे और उनके भाई रात में लालटेन की रोशनी में अध्ययन किया करते, क्योंकि उस जमाने में बिजली की सुविधा नहीं थी। उन्हें अध्ययन करते समय चुपचाप रहने की सख्त हिदायत थी। अटलजी इस निर्देश का पालन करते हुए ईमानदारी से पढ़ाई किया करते। इसके परिणामस्वरूप वे हमेशा अच्छे अंक प्राप्त करते और परीक्षा उत्तीर्ण करते।

उन्होंने स्कूल में पढ़ाई के दौरान बहुत कम उम्र में ही काव्य लेखन शुरू कर दिया था। उनकी पहली कविता ताजमहल पर थी। वह उन गरीब कारीगरों के दर्द से बहुत आहत थे, जिन्होंने अपने राजा के लिए इतना कठिन परिश्रम किया और बदले में उनके हाथ काट दिए गए। उन गरीब कारीगरों के प्रति उनकी सहानुभूति उस कविता में साफ झलकती है। उनके अध्यापकों ने उनके प्रयासों को पहचाना और अटलजी की कविता उस स्कूल की पत्रिका में प्रकाशित कराई। उनके पिता ने उनके प्रयासों में सहयोग किया। उन्होंने उनकी प्रतिभा मानी और उसे तराशने का प्रयास किया। वे अकसर कवि सम्मेलनों में जाया करते और अपने साथ अटलजी को ले जाते। इससे अटलजी को काव्य लेखन का प्रोत्साहन मिलता। उन्होंने काव्य लेखन कभी नहीं छोड़ा, उस समय भी जब वे भारतीय संसद् में सर्वोच्च पद पर आसीन थे।

वे अपने जबरदस्त भाषणों के लिए प्रख्यात थे। उन्होंने स्कूल के समय से ही वाद-विवाद में अभ्यास कर रखा था। एक बार अटलजी एक वाग्मिता प्रतियोगिता में हिस्सा लेने गए। उन्होंने इसके लिए कठिन मेहनत की और अपनी सभी पंक्तियाँ याद कीं, हालाँकि जब उन्हें मंच पर बुलाया गया तो वे घबरा गए। उन्होंने बोलना शुरू किया, लेकिन कुछ पंक्तियाँ भूल गए। उन्होंने इन पंक्तियों को याद करने की

कोशिश की, लेकिन उन्हें वे याद नहीं आईं। इस पर दर्शक दीर्घा में बैठे बाकी बच्चे हँसने लगे। उन्होंने मंच छोड़ा, लेकिन कोशिश नहीं छोड़ी। उन्होंने कागज निकाला और अपनी पंक्तियों को दोबारा याद किया। वे वापस मंच पर गए और इस बार पहले के मुकाबले अधिक विश्वास के साथ गए। उन्हें इस बार भी मंच का डर लगा और भाषण के बीच में कुछ पंक्तियाँ भूल गए। इस बार उन्होंने मंच नहीं छोड़ा। याद की हुई पंक्तियों को छोड़ते हुए वे खुद उस विषय पर बोले। उन्होंने वह भाषण नहीं दिया, जो उन्होंने याद किया था, इसके बावजूद भाषण खत्म होने पर उनके अध्यापक और सभी विद्यार्थी खड़े हो गए और उनके लिए तालियाँ बजाईं। उनके पिता जो उस स्कूल के हेडमास्टर थे, ने उनकी पीठ थपथपाई। यह अटलजी के जीवन का एक महत्त्वपूर्ण क्षण बना। उस दिन से उन्होंने निर्णय किया कि अपने भाषणों को याद नहीं करेंगे। इसके बजाय, वे हृदय से बोलेंगे। उन्होंने विभिन्न प्रतिस्पर्धाओं में अपने स्कूल और कॉलेजों का प्रतिनिधित्व किया।

एक बार वे एक राष्ट्रीय स्तर की वाद-विवाद प्रतियोगिता के लिए इलाहाबाद गए। वे अपने विश्वविद्यालय विक्टोरिया यूनिवर्सिटी का प्रतिनिधित्व कर रहे थे। ट्रेन आने में विलंब होने की वजह से वे आयोजन स्थल पर समय पर नहीं पहुँच सके। जिस समय वे पहुँचे, प्रतियोगिता पहले ही समाप्त हो चुकी थी और जजों द्वारा अंकों का निर्धारण किया जा चुका था। इससे अटलजी का उत्साह कमजोर नहीं पड़ा। वे मंच पर खड़े हुए और बोलना शुरू किया। उन्होंने स्पष्ट किया कि वे समय पर क्यों नहीं पहुँच सके। जजों ने सोचा कि इस युवक को बोलने का एक मौका दिया जाना चाहिए, लेकिन उसे कोई अंक नहीं दिए जाएँगे, क्योंकि वे इस प्रतियोगिता का हिस्सा नहीं थे।

वे बड़ी विनम्रतापूर्वक इस पर राजी हो गए और उन्हें एक मौका देने के लिए उन्होंने जजों को धन्यवाद दिया। श्रोताओं को मंत्रमुग्ध करने के लिए उनका भाषण पर्याप्त था। वे आत्मविश्वास के साथ बोले। उनके भाषण से जज सहित हर कोई प्रभावित हुआ। जजों को अपना निर्णय बदलने के लिए बाध्य होना पड़ा और अटलजी को प्रथम पुरस्कार प्रदान किया गया। उन जजों में से एक जज, हिंदी साहित्य में काव्य के क्षेत्र में एक बड़ा नाम हरिवंश राय बच्चन भी थे।

अटलजी ने विक्टोरिया कॉलेज (अब लक्ष्मीबाई कॉलेज) से हिंदी, अंग्रेजी और संस्कृत में डिस्टिंक्शन के साथ स्नातक की पढ़ाई पूरी की। वे राजनीतिक विज्ञान में स्नातकोत्तर की पढ़ाई के लिए कानपुर स्थित दयानंद एंग्लो-वैदिक कॉलेज गए और उन्हें प्रथम श्रेणी की डिग्री प्रदान की गई।

राष्ट्रीय स्वयंसेवक संघ में जीवन

> *हमें उम्मीद है कि यह विश्व अभिज्ञ स्वार्थ की भावना के साथ काम करेगा।*
>
> **—अटल बिहारी वाजपेयी**

अटलजी ने पूर्व में यह उल्लेख किया था कि राष्ट्रीय स्वयंसेवक संघ उनकी आत्मा है। वे 1939 में राष्ट्रीय स्वयंसेवक संघ के संपर्क में आए। वे एक मजबूत सनातनी परिवार से रहे हैं और आर्य कुमार सभा के साप्ताहिक सत्संग में हर सप्ताह उपस्थित रहते। एक बार ऐसे एक सत्संग में एक नेता ने पूछा, 'आप शाम में क्या करते हैं!' हर किसी ने उत्तर दिया 'कुछ नहीं।' तब उस नेता ने हर किसी को

शाखा में जाने की बात कही। इससे अटलजी ग्वालियर में शाखा में जाने के लिए प्रेरित हुए। यह राष्ट्रीय स्वयंसेवक संघ के साथ उनका पहला जुड़ाव था।

उस समय ग्वालियर में शाखा लगनी शुरू ही हुई थी। सभी स्वयंसेवक केवल मराठी में बोला करते थे, क्योंकि उनमें सभी महाराष्ट्र के थे। अटलजी नियमित तौर पर शाखा जाने लगे, क्योंकि उन्हें वहाँ खेल खेलना पसंद था।

अटलजी का कहना था कि वे आज जो कुछ भी हैं, श्री नारायणराव तरते की वजह से हैं, जो शाखा के संस्थापकों में से एक थे। उनके पिता राष्ट्रीय स्वयंसेवक संघ से बहुत अधिक नहीं जुड़े थे, लेकिन उनके बड़े भाई जुड़े थे। एक बार उनके भाई जाड़े के शिविर में संकट में फँस गए। उन्होंने कहा, 'मैं अन्य स्वयंसेवकों के साथ अपना भोजन नहीं ले जा सकता। मुझे अपना भोजन खुद तैयार करना होगा।' प्रभारी ने उनका अनुरोध माना और उन्हें वे सभी आवश्यक चीजें उपलब्ध कराईं, जो खाना बनाने के लिए जरूरी थीं। उन्होंने एक दिन के लिए अपना भोजन खुद से तैयार किया, लेकिन बाद में इसका परित्याग किया और वह भोजन खाना शुरू कर दिया, जो सभी स्वयंसेवक खाते। इससे उनमें बदलाव आया।

अटलजी का मानना था कि राष्ट्रीय स्वयंसेवक संघ ने एक व्यक्ति की सोच को सामूहिक सोच में बदल दिया और यही राष्ट्रीय स्वयंसेवक संघ के लोकाचार की खूबसूरती है। राष्ट्रीय स्वयंसेवक संघ की परंपरा में एक व्यक्ति अकेले महान् ऊँचाइयों पर नहीं पहुँच सकता। वह इस समाज की मदद से ही यह कर सकता है। यदि उस शिविर के प्रभारी ने उन्हें डाँटा होता और उन्हें अपना भोजन खुद बनाने की अनुमति नहीं दी होती तो उनका आध्यात्मिक विकास रुक गया होता, जबकि राष्ट्रीय

स्वयंसेवक संघ में 44 घंटों के भीतर वे बिल्कुल बदल चुके थे। यही राष्ट्रीय स्वयंसेवक संघ की 'गोपनीय पद्धति' है। इसी से समाज बदला है।

राष्ट्रीय स्वयंसेवक संघ की गांधीजी ने भी प्रशंसा की थी, क्योंकि इस संगठन में छुआछूत को लेकर भेदभाव नहीं किया जाता। इसने केवल समाज को एकसूत्र में ही पिरोया।

राष्ट्रीय स्वयंसेवक संघ का काम हिंदुओं को संगठित करना है। वे हिंदू समाज को एक सूत्र में बाँधना चाहते हैं और इसे जाति एवं अन्य कृत्रिम मतभेदों से ऊपर ले जाना चाहते हैं। वे मुस्लिमों और ईसाइयों जैसे गैर हिंदुओं को भी आत्मसात कर मुख्यधारा में लाना चाहते हैं।

अटलजी ने संघ से जुड़ना क्यों पसंद किया, इसकी वजह यह है कि वे उनकी विचारधारा को अपनी सोच के अनुरूप पा सके। उन्हें लोगों के प्रति राष्ट्रीय स्वयंसेवक संघ का रुख पसंद आया। जब वे लखनऊ में थे, उनके साथ एक दुर्घटना घटी। एक वरिष्ठ समाजवादी बीमार पड़ गए थे। किसी ने उनका हाल समाचार नहीं लिया और उन्हें उनकी हालत पर अकेले छोड़ दिया गया। आचार्य नरेंद्र देव को इस बारे में पता चला और वे उन्हें देखने गए। आचार्य ने तब कहा, 'इस समाजवादी पार्टी में किस तरह के लोग हैं! आपसे मिलने कोई नहीं आया। ऐसा राष्ट्रीय स्वयंसेवक संघ में कभी नहीं होता। यदि कोई स्वयंसेवक किसी दिन शाखा में नहीं पहुँचता, उस दिन उसके साथी उसका हाल-चाल लेने उसके घर पहुँच जाते हैं।'

जब अटलजी खुद बीमार पड़े, राष्ट्रीय स्वयंसेवक संघ के सदस्य उनकी मदद करने के लिए पहुँच गए। संघ उनका परिवार रहा और वे मानते हैं कि वे सभी एक हैं।

राष्ट्रीय स्वयंसेवक संघ

राष्ट्रीय स्वयंसेवक संघ, जिसे आर.एस.एस. के तौर पर भी जाना जाता है, एक दक्षिणपंथी स्वयंसेवक, हिंदू राष्ट्रवादी, गैर सरकारी संगठन है। यह विश्व का सबसे बड़ा स्वैच्छिक गैर सरकारी संगठन है। राष्ट्रीय स्वयंसेवक संघ का कहना है कि उसकी विचारधारा भारत की निस्वार्थ सेवा के सिद्धांत पर आधारित है।

इसकी स्थापना हिंदू अनुशासन के जरिए चरित्र निर्माण का प्रशिक्षण उपलब्ध कराने एवं हिंदू समुदाय को एकजुट करने के लिए एक सामाजिक संगठन के तौर पर की गई थी। यह किसी भी दूसरी चीज के मुकाबले भारतीय संस्कृति और सभ्यता के मूल्यों को बनाए रखना अपना आदर्श मानता है। औपनिवेशिक विरोधी व्यापक संघर्ष की राजनीति के विकल्प के तौर पर इसे स्थापित किया गया, हालाँकि राष्ट्रीय स्वयंसेवक संघ के स्वयंसेवकों ने भारतीय स्वतंत्रता आंदोलन सहित विभिन्न राजनीतिक एवं सामाजिक आंदोलनों में हिस्सा लिया।

एक कट्टरपंथी संगठन एवं एक अर्द्धसैनिक समूह के तौर पर इसकी आलोचना की जाती रही। जब बजरंग दल का गठन किया, इसको लेकर भी इसकी आलोचना की गई।

प्रारंभिक सक्रियतावाद

> *मुझे हार और जीत का भय नहीं है, मुझे जो भी दायित्व मिलता है, मैं स्वीकार करूँगा, क्योंकि यह सत्य है और वही सत्य है।*
>
> **—अटल बिहारी वाजपेयी**

अटलजी जब 1939 में स्कूल जाया करते थे, तभी राष्ट्रीय स्वयंसेवक संघ में शामिल हो गए थे। उस समय राष्ट्रीय स्वयंसेवक

संघ का संचालन करनेवाले शैक्षणिक अधिकारी हमेशा अटलजी की प्रशंसा करते। उनका मानना था कि अटलजी एक सच्चे विद्यार्थी हैं और उनमें एक महान् नेता के गुण हैं। उनका अनुमान था कि अटलजी बड़े होकर भारत के प्रधानमंत्री बनेंगे और उनका यह अनुमान अंततः सच साबित हुआ। बाबा साहेब आप्टे के प्रभाव में आकर वे राष्ट्रीय स्वयंसेवक संघ के अधिकारी प्रशिक्षण शिविर में कड़े प्रशिक्षण से गुजरने के बाद 1947 में पूर्णकालिक कार्यकर्ता बने। वे ग्वालियर के आर्य समाज, आर्य समाज सभा की युवा शाखा के महासचिव बने।

वे कानपुर में कानून की पढ़ाई कर रहे थे और विपक्षी समिति के प्रमुख बने। वे मुख्य विद्यार्थी कार्यकर्ताओं में से एक थे। इन सभी कार्यों को करते हुए उन्होंने कम्युनिस्ट स्टूडेंट फेडरेशन राइट्स में भागीदारी की। उनके विश्वविद्यालय के विद्यार्थियों ने नरौली में दंगों के खिलाफ लड़ाई करने का निर्णय किया। उन्होंने एक सार्वजनिक भाषण आयोजित किया और श्री बालकृष्ण शर्मा को मुख्य अतिथि के तौर पर आमंत्रित किया। श्री बालकृष्ण शर्मा हिंदी के एक प्रसिद्ध लेखक थे, जिनका उपनाम नवीन था। वे अटलजी के भाषण से प्रभावित हुए। उन्होंने कहा, 'अटल ने मेरे लिए बोलने को कुछ नहीं छोड़ा। उन्होंने वह सबकुछ कह दिया, जो मैं कहना चाहता था।'

उन्होंने कानून की पढ़ाई छोड़ दी, क्योंकि वे देश की स्वतंत्रता के लिए लड़ना चाहते थे। गांधीजी के नेतृत्व में 'भारत छोड़ो आंदोलन' में हिस्सा लेने के परिणामस्वरूप वह जेल भी गए। उस समय उनकी आयु महज सोलह वर्ष थी। उन्हें विस्तारक (परिवीक्षाधीन प्रचारक) के तौर पर उत्तर प्रदेश भेजा गया। उन्होंने दीनदयाल उपाध्याय एवं श्यामाप्रसाद मुखर्जी के निर्देशन में राजनीति का पाठ तो पढ़ा साथ

ही राष्ट्रधर्म सहित विभिन्न समाचार-पत्रों और दैनिक समाचार-पत्र स्वदेश एवं वीर अर्जुन के लिए भी काम किया। आज की भारतीय जनता पार्टी के अग्रदूत भारतीय जनसंघ में शामिल होने के साथ उनका पत्रकारिता का कार्यकाल खत्म हुआ।

अटलजी को 1945 में उस समय गिरफ्तार कर लिया गया, जब उनकी उम्र महज सोलह साल थी। वे राष्ट्रीय स्वयंसेवक संघ के एक सक्रिय सदस्य थे और राजनीति की उन्हें अच्छी समझ थी। राष्ट्रीय स्वयंसेवक संघ का स्वतंत्रता संग्राम से कोई संबंध नहीं था और उन्होंने अंग्रेज सरकार का विरोध नहीं करने का रास्ता चुना। वे स्वतंत्रता सेनानी के तौर पर 'भारत छोड़ो आंदोलन' में शामिल नहीं हुए, बल्कि वे उस भीड़ का हिस्सा थे और स्वाभाविक तौर पर आक्रामक गतिविधियों में उनका कोई हाथ नहीं था। वे बस उस भीड़ के साथ गए और कार्यवाही को देखा। उन्होंने घोषणा की, मैंने अपने भाई के साथ मैपुरा जाना शुरू किया और भीड़ हमारे पीछे थी। लोगों को बलपूर्वक तालाब से मोड़ दिया और भीड़ बिचकोली की ओर बढ़ चली। दस या बारह लोग वन कार्यालय में थे। मैं 100 यार्ड की दूरी पर था। सरकारी भवन को ध्वस्त करने में मेरा कोई सहयोग नहीं रहा। इसके बाद हम अपने-अपने घरों की ओर चले गए।

अटलजी की भारतीय राजनीति में दस्तक

> *भारत एक प्राचीन राष्ट्र है न कि ऐसा राष्ट्र, जिसका निर्माण किया गया हो। हमें एक नया राष्ट्र नहीं बनाना है, बल्कि इस प्राचीन राष्ट्र को आधुनिक दौर की चुनौतियों का सामना करने लायक बनाना है।*
>
> **—अटल बिहारी वाजपेयी**

अटलजी और उनके भाई को 'भारत छोड़ो आंदोलन' में शामिल होने के लिए तेइस दिनों के लिए गिरफ्तार किया गया था। उन्हें तभी रिहा किया गया, जब उन्होंने लिखित में शपथ-पत्र दिया कि वे अंग्रेजों के खिलाफ किसी भी संघर्ष में हिस्सा नहीं लेंगे और उपद्रव नहीं करेंगे। यह राजनीति में उनका पहला प्रदर्शन था।

वर्ष 1951 में दीनदयाल उपाध्याय और राष्ट्रीय स्वयंसेवक संघ ने उन्हें भारतीय जन संघ के लिए काम करने को कहा। भारतीय जनसंघ, राष्ट्रीय स्वयंसेवक संघ के नेतृत्व वाली एक हिंदू दक्षिणपंथी राजनीतिक पार्टी थी। उन्हें उत्तर भारत क्षेत्र का प्रभार दिया गया, क्योंकि वे इस पार्टी के राष्ट्रीय सचिव के तौर पर निर्वाचित हुए थे। श्यामा प्रसाद मुखर्जी इस पार्टी के नेता थे और अटलजी जल्द ही उनके करीबी बन गए। वे कश्मीर में गैर-कश्मीरी भारतीय आगंतुकों के साथ दोयम दर्जे के व्यवहार के विरोध में श्यामा प्रसाद मुखर्जी के साथ आमरण अनशन पर गए। दुर्भाग्य से इस अनशन के दौरान मुखर्जी की मृत्यु हो गई।

वर्ष 1957 में अटलजी दूसरा आम चुनाव लड़कर पहली बार संसद् पहुँचे। उन्होंने कहा कि ये चुनाव उनके लिए एक साथ तीन अनुभवों वाला रहा, क्योंकि जनसंघ ने उन्हें उत्तर प्रदेश के तीन अलग-अलग निर्वाचन क्षेत्रों से चुनाव लड़ाया था। पार्टी के नेता चाहते थे कि अटलजी किसी भी तरह से लोकसभा पहुँचें और इसलिए वे तीन अलग-अलग जगहों से अपना भाग्य आजमाना चाहते थे। इन नेताओं का मानना था कि श्यामा प्रसाद मुखर्जी की विरासत को अटलजी के अलावा कोई दूसरा आगे नहीं ले जा सकता। उनका विश्वास था कि 31 वर्षीय अटलजी परिपक्व हैं और उन्हें उनकी उम्र से अधिक ज्ञान है, जो उनकी पार्टी के लिए लाभप्रद साबित होगा। ये तीन निर्वाचन

क्षेत्र थे मथुरा, लखनऊ और बलरामपुर। वे मथुरा और लखनऊ में चुनाव हार गए, लेकिन बलरामपुर में विजयी बनकर उभरे। इस प्रकार से वे संसद् के निचले सदन लोकसभा के लिए निर्वाचित हुए। यहाँ उनके भाषण कौशल ने फिर से उन्हें सुर्खियों में ला दिया। जवाहरलाल नेहरू अटलजी और उनके शब्दों से प्रभावित थे। उन्होंने अनुमान व्यक्त किया कि एक दिन वे भारत के प्रधानमंत्री बनेंगे।

उनके भाषण और संगठनात्मक कौशल ने उन्हें भारतीय जनसंघ का एक सक्रिय नेता बना दिया। दीनदयाल उपाध्याय के निधन के बाद पार्टी का नेतृत्व करने की जिम्मेदारी उनके कंधों पर आ गई। वे 1968 में जनसंघ के राष्ट्रीय अध्यक्ष बने। लालकृष्ण आडवाणी, नानाजी देशमुख और बलराज मधोक जैसे अन्य नेताओं के साथ मिलकर उन्होंने अपने नेतृत्व में जनसंघ को सफलता की ऊँचाइयों पर पहुँचाया।

श्यामा प्रसाद मुखर्जी

श्यामा प्रसाद मुखर्जी एक भारतीय राजनेता, बैरिस्टर और शिक्षक थे, जिन्होंने प्रधानमंत्री जवाहरलाल नेहरू के मंत्रिमंडल में उद्योग एवं आपूर्ति मंत्री के तौर पर अपनी सेवाएँ दीं। नेहरू से मतभेद होने के बाद मुखर्जी ने भारतीय राष्ट्रीय कांग्रेस छोड़ दी और 1951 में भारतीय जनसंघ (जो बाद में भाजपा के रूप में उभरकर सामने आई) की स्थापना की। श्यामा प्रसाद मुखर्जी ने अपने राजनीतिक करियर की शुरुआत 1929 में एक छोटे तरीके से उस समय की, जब उन्होंने कलकत्ता विश्वविद्यालय का प्रतिनिधित्व करते हुए बंगाल विधान परिषद् में प्रवेश किया। उन्हें भारतीय राष्ट्रीय कांग्रेस के उम्मीदवार के तौर पर बंगाल विधान परिषद् का सदस्य चुना गया, लेकिन जब कांग्रेस

ने विधानमंडल का बहिष्कार करने का निर्णय किया, तो उन्होंने अगले साल ही इस्तीफा दे दिया। इसके परिणामस्वरूप उन्होंने निर्दलीय उम्मीदवार के तौर पर चुनाव लड़ा और निर्वाचित हुए। वे 1941-42 में बंगाल प्रांत के वित्तमंत्री थे।

विदेश मंत्री के रूप में अटलजी

दिल्ली में, मैंने आपको एक नारा दिया—एकजुट हो और जीतो, आज हम एकता हासिल कर रहे हैं, कल हम जीत हासिल करेंगे।

—अटल बिहारी वाजपेयी

भारतीय राष्ट्रीय कांग्रेस की नेता और भारत की तत्कालीन प्रधानमंत्री इंदिरा गांधी द्वारा लगाए गए 21 माह के आपातकाल के दौरान अटलजी को कुछ अन्य विपक्षी नेताओं के साथ साल 1977 में दोबारा गिरफ्तार कर लिया गया। इस अवधि के दौरान इंदिरा गांधी के ज्यादातर विरोधी नेताओं को गिरफ्तार कर लिया गया था और प्रेस पर सेंसरशिप लगा दी गई थी। अटलजी के साथ ही विजयाराजे सिंधिया, जयप्रकाश नारायण, राजनारायण, मोरारजी देसाई, चरण सिंह, जे.पी. कृपलानी, लालकृष्ण आडवाणी को भी गिरफ्तार किया गया था। राष्ट्रीय स्वयंसेवक संघ और जमात-ए-इस्लामी जैसे संगठनों पर भी प्रतिबंध लगा दिया गया था। जयप्रकाश नारायण ने घोषणा की थी कि ऐसी परिस्थितियों में सभी अन्य पार्टियों को कांग्रेस के खिलाफ एकजुट होना चाहिए। अटलजी ने जयप्रकाश नारायण के इस आह्वान पर ध्यान दिया और जनसंघ एवं अन्य गठबंधनों का विलय कर जनता पार्टी की स्थापना की गई।

नवगठित जनता पार्टी 1977 के आम चुनावों में विजयी बनकर उभरी। अटलजी ने प्रधानमंत्री मोरारजी देसाई के मंत्रिमंडल में विदेश मंत्री का पद सँभाला। उनका मुख्य दायित्व अंतरराष्ट्रीय समुदाय में भारत और भारत की सरकार का प्रतिनिधित्व करना था। यह सभी जानते हैं कि 1977-79 की अवधि में जब अटलजी विदेश मंत्री थे, सहयोग के मामले में भारत और पाकिस्तान के बीच सबसे अच्छे संबंध थे। पाकिस्तान के तत्कालीन प्रधानमंत्री नवाज शरीफ ने खुद यह बात स्वीकार की है। शरीफ जब राजीव गांधी के अंतिम संस्कार में शामिल होने दिल्ली आए, इस दौरान उन्होंने अटलजी और उनके साथ आडवाणीजी को अपने अशोका होटल सुइट में आमंत्रित किया। उन्होंने अटलजी से कहा, 'अटलजी, मैं आपसे पहले नहीं मिला, लेकिन मुझे यह कहने में तनिक भी हिचक नहीं है कि भारत के साथ पाकिस्तान के रिश्ते इतने मधुर और सौहार्दपूर्ण कभी नहीं रहे, जितने उस समय थे, जब आप अपने देश के विदेश मंत्री थे।'

अटलजी ने संयुक्त राष्ट्र महासभा में एक यादगार भाषण देकर एक सफल विदेश मंत्री के तौर पर अपना साहस एक बार फिर साबित किया। उन्होंने अपना भाषण हिंदी में दिया।

जनता पार्टी

जनता पार्टी, प्रधानमंत्री इंदिरा गांधी और उनकी पार्टी भारतीय राष्ट्रीय कांग्रेस (आई) द्वारा 1975 और 1977 के बीच लगाए गए आपातकाल के खिलाफ भारतीय राजनीतिक दलों का एक विलयन थी। वर्ष 1977 में आपातकाल की समाप्ति के बाद हुए आम चुनाव में जनता पार्टी ने कांग्रेस (आई) को हराकर भारतीय गणतंत्र के इतिहास में पहली गैर-कांग्रेसी सरकार बनाई।

जनता पार्टी की सरकार ने आपातकाल के दौरान किए गए निर्णयों को पलट दिया और आपातकाल के समय की गई गड़बड़ियों की आधिकारिक जाँच शुरू कराई। यद्यपि कई प्रमुख विदेश नीति और आर्थिक सुधारों के प्रयास किए गए, पार्टी की आंतरिक कलह और वैचारिक मतभेदों के चलते जनता पार्टी की सरकार राष्ट्रीय समस्याओं से प्रभावी ढंग से निपटने में असमर्थ रही। 1979 के मध्य तक प्रधानमंत्री मोरारजी देसाई को इस्तीफा देने पर विवश होना पड़ा और उनके उत्तराधिकारी चौधरी चरण सिंह संसदीय बहुमत बनाए रखने में विफल रहे, क्योंकि गठबंधन के साझीदारों ने समर्थन वापस ले लिया। यद्यपि मूल जनता पार्टी विघटित होकर समाप्त हो गई। आधुनिक राजनीतिक दलों ने इसकी विरासत को बनाए रखा। अगस्त 2013 में इस पार्टी का भारतीय जनता पार्टी के साथ विलय कर दिया गया।

अटलजी का भाजपा का प्रथम अध्यक्ष बनना

हमारा राष्ट्रीय जीवन विविधताओं से भरा है।
हमारे यहाँ भिन्न-भिन्न भाषाएँ, आस्थाएँ, समुदाय, जीवन जीने का तरीका और साहित्य एवं कला की शैलियों की शाखाएँ हैं। यह विविधता हमारे राष्ट्रीय जीवन की बहुलता की झलक प्रस्तुत करती है और इसे संरक्षित एवं संवर्धित करने की जरूरत है।

—अटल बिहारी वाजपेयी

वर्ष 1980 में जनता पार्टी ने 'दोहरी नागरिकता' का मुद्दा उठाया। इसने गठबंधन के घटक दलों को राष्ट्रीय स्वयंसेवक संघ का परित्याग करने को बाध्य किया। अटलजी ने इस कदम का विरोध किया। वे

अत्यधिक नाराज थे और उन्होंने जनता संसदीय बोर्ड की बैठक में अपनी नाराजगी जाहिर की, जहाँ इस मामले पर चर्चा की गई। उन्होंने कहा, 'हम जनता पार्टी में महज तीन वर्ष पहले आए हैं। राष्ट्रीय स्वयंसेवक संघ से हमारा संबंध बचपन से रहा है। क्या आपको पता है कि आप क्या कह रहे हैं?' राष्ट्रीय स्वयंसेवक संघ और इसकी विचारधारा के प्रति अटलजी की प्रतिबद्धता अनवरत रही है।

यह मुद्दा हल नहीं किया जा सका और मोरारजी देसाई द्वारा प्रधानमंत्री पद से इस्तीफा दिए जाने के बाद जनता पार्टी 1979 में अंततः टूट गई। उस समय अटलजी एक स्थापित राजनीतिज्ञ और एक सम्मानित नेता थे। उन्होंने अपने भारतीय जनसंघ और राष्ट्रीय स्वयंसेवक संघ के साथियों विशेषकर लालकृष्ण आडवाणी और भैरो सिंह शेखावत के साथ मिलकर 1980 में भारतीय जनता पार्टी (भाजपा) की स्थापना की। उन्हें भाजपा का पहला अध्यक्ष चुना गया। उनके नेतृत्व में भाजपा, कांग्रेस के खिलाफ एक मजबूत विपक्षी पार्टी के तौर पर उभरी।

भाजपा पंजाब प्रांत में बढ़ते सिख उग्रवाद के खिलाफ लड़ी। भाजपा ने प्रधानमंत्री इंदिरा गांधी पर इस बढ़ती हिंसा का आरोप लगाया। पंजाब में हिंदुओं और सिखों के बीच धार्मिक असहिष्णुता थी और भाजपा का मानना था कि इन दो समुदायों के बीच इस अशांति के लिए कांग्रेस जिम्मेदार थी। इसके पीछे मुख्य वजह 'विभाजनकारी एवं भ्रष्ट राजनीति थी, जिसने राष्ट्र की एकता और अखंडता की कीमत पर इस तरह के उग्रवाद को बढ़ावा दिया।'

ऑपरेशन ब्लू स्टार का भाजपा द्वारा भी विरोध किया गया। यह

भारतीय सेना द्वारा चलाया गया एक ऑपरेशन था, जिसका नेतृत्व 3 से 8 जून, 1984 के बीच इंदिरा गांधी द्वारा किया गया। वे पंजाब के अमृतसर में हरमंदिर कॉम्प्लेक्स या स्वर्ण मंदिर पर नियंत्रण स्थापित करने के लिए जरनैल सिंह भिंड्रावाला और उनके सशस्त्र अनुयायियों को हटाना चाहती थीं। जरनैल सिंह भिंड्रावाला, एक धार्मिक समूह दमदमी टकसाल का नेता था। भारतीय सेना द्वारा यह ऑपरेशन टैंकों, तोपों, हेलिकॉप्टरों और बख्तरबंद वाहनों व आँसू गैस जैसे हथियारों के साथ चलाया गया था। इसके परिणामस्वरूप इस ऑपरेशन के दौरान कई लोग मारे गए थे। भाजपा इस ऑपरेशन के दौरान पैदा हुई हिंसा रोकना चाहती थी। इस सैन्य काररवाई से दुनियाभर में सिखों के बीच हंगामा मचा और तनाव बढ़ा और इससे भारत के भीतर सिख समुदाय के लोगों पर हमले हुए।

इस ऑपरेशन के चार महीने बाद इंदिरा गांधी के दो अंगरक्षकों ने 1984 में उनकी हत्या कर दी। ये दो अंगरक्षक सतवंत सिंह और बेअंत सिंह थे। इंदिरा गांधी की हत्या का कारण पूछे जाने पर उन्होंने कहा कि यह बदले की काररवाई थी। इसके बाद दंगे भड़क गए। देशभर में करीब 2,800 लोगों की मौतें हुईं। ये दंगे कांग्रेस पार्टी और इनके समर्थकों के आक्रोश के परिणामस्वरूप थे और यह हिंसा इंदिरा गांधी की हत्या के लिए उनका जवाब था। भाजपा ने इस हिंसा का कड़ा विरोध किया, जिसमें सिखों को इस दौरान निशाना बनाया गया था। केंद्रीय जाँच ब्यूरो का मत था कि हिंसा की इस काररवाई को दिल्ली पुलिस और केंद्र सरकार के कुछ अधिकारियों के सहयोग से मिलकर अंजाम दिया गया था।

वर्ष 1984 के चुनावों में भाजपा को केवल दो सीटें मिलीं। राजीव गांधी को भारत के प्रधानमंत्री के तौर पर शपथ दिलाई गई। इस अवधि

के दौरान अटलजी ने संसद् में विपक्ष के नेता का पद सँभाला। वह पार्टी अध्यक्ष के तौर पर भी अहम स्थान पर रहे।

राम जन्मभूमि मंदिर आंदोलन

भाजपा राम जन्मभूमि मंदिर आंदोलन की राजनीतिक आवाज बन गई। राम जन्मभूमि वह नाम है, जो अयोध्या में एक जगह को दिया गया। रामायण में यह उल्लिखित है कि यही वह जगह है, जहाँ भगवान राम का जन्म हुआ था, इसलिए हिंदुओं की इस पवित्र स्थल में असीम आस्था है, हालाँकि इस दावे को प्रमाणित करने के लिए बहुत कम ऐतिहासिक प्रमाण हैं। ऐसा माना जाता है कि एक हिंदू मंदिर वहाँ हुआ करता था, हालाँकि 1528 में एक मुगल सेनापति मीर बाकी ने मुगल सम्राट बाबर के सम्मान में उसी जगह एक मस्जिद बनवा दी। इस मस्जिद को बाबरी मस्जिद के नाम से जाना जाने लगा और इसे मुस्लिमों द्वारा पवित्र-स्थल के तौर पर माना गया। वर्ष 1853 में सांप्रदायिक विवाद के चलते उस जगह पर एक छोटा सा हिस्सा हिंदुओं के लिए उनके धार्मिक अनुष्ठान करने के लिए आरक्षित कर दिया गया। जैन सामाजिक संगठन जैन समिति वाहिनी के मुताबिक, 'उत्खनन के दौरान जो ढाँचा पाया गया, वह छठी शताब्दी में एक जैन मंदिर रहा होगा।'

इस मुद्दे को लेकर पहला संघर्ष 1853 में हिंदुओं और मुस्लिमों के बीच पैदा हुआ, जिससे अवध के नवाब वाजिद अली शाह के शासनकाल के दौरान इन दो समुदायों के बीच हिंसा भी हुई। हिंदू संप्रदाय निरमोही का दावा है कि वह स्थान हिंदुओं का है, क्योंकि उस जगह मंदिर को ध्वस्त करने के बाद मस्जिद का निर्माण किया गया। यह मुद्दा हल नहीं हो सका और जब तब हिंसा होती रही। नगर

प्रशासन को इस मुद्दे को देखना पड़ा, ताकि इस मुद्दे को हल किया जा सके। सभी कठिनाइयों के बावजूद उस स्थान पर एक मंदिर का निर्माण करने के लिए 1883 में प्रयास किए गए, लेकिन डिप्टी कमिश्नर ने 1885 में निर्माण रोक दिया।

वर्ष 1984 में विश्व हिंदू परिषद् ने ताले खोले जाने का आदेश दिया, ताकि हिंदू उस स्थान तक पहुँच सकें। इस निर्णय का राजीव गांधी सरकार द्वारा समर्थन किया गया और 1985 में ताले खोल दिए गए। इससे उस स्थान पर हिंदुओं की पहुँच हो गई थी और मस्जिद ने एक हिंदू मंदिर के तौर पर काम करना शुरू कर दिया। इसकी वजह से हिंदुओं और मुस्लिमों के बीच तनाव बढ़ गया, खासतौर पर उस समय ज्यादा तनाव बढ़ गया, जब विश्व हिंदू परिषद् ने 1989 में आधारशिला रखने का कार्यक्रम किया। भाजपा नेता लालकृष्ण आडवाणी ने दक्षिण भारत से अयोध्या तक रथयात्रा निकाली।

वर्ष 2005 में खुफिया ब्यूरो (आईबी) के पूर्व संयुक्त निदेशक मलय कृष्ण धर का दावा है कि मस्जिद गिराने की योजना विश्व हिंदू परिषद्, राष्ट्रीय स्वयंसेवक संघ और भाजपा के शीर्ष नेताओं द्वारा बनाई गई थी। उन्होंने तत्कालीन प्रधानमंत्री नरसिम्हा राव के निर्णयों पर सवाल खड़े किए। 2009 की एक रिपोर्ट में संसद् में अटलजी, आडवाणी और कल्याण सिंह जैसे भाजपा नेताओं पर उस मस्जिद को गिराने का आरोप लगाया गया।

इस टकराव के चलते मस्जिद ध्वस्त किए जाने के बाद देश को सांप्रदायिक दंगों का दंश झेलना पड़ा। इस मुद्दे पर कई लोग मारे गए। मीडिया ने 2,000 से अधिक लोगों के मारे जाने की रिपोर्ट

दी। देश में कई आतंकी हमले हुए। मुजाहिद्दीन जैसे प्रतिबंधित जिहादी संगठनों ने देश में हमलों के लिए बाबरी मस्जिद विध्वंस को कारण बनाया। न केवल भारतीयों, बल्कि देश से बाहर हिंदुओं को भी इसके नतीजे भुगतने पड़े। बांग्लादेश में कई हिंदू मंदिरों को ढहा दिया गया और यहाँ तक कि हिंदुओं के घर तक बरबाद कर दिए गए।

अटलजी का भारत का प्रधानमंत्री बनना

दुश्मन हमारे अपने दिलोदिमाग में है।
यह संदेह और हताशा का कैंसर है,
जो हमारे लोगों पर हावी हो रहा है।
यह हमारी व्यवस्था में आस्था का खोना है।

—अटल बिहारी वाजपेयी

वर्ष 1995 में गुजरात और महाराष्ट्र में चुनाव जीतने के बाद भाजपा का कद बढ़ गया। भाजपा 1994 में कर्नाटक में विधानसभा चुनावों में भी जीती। हाल की जीतों से भाजपा का राजनीतिक कद बढ़ गया। लालकृष्ण आडवाणी ने नवंबर 1995 में मुंबई में भाजपा के एक सम्मेलन में घोषणा की कि यदि वे संसदीय चुनाव जीतते हैं तो अटलजी को प्रधानमंत्री के तौर पर चुना जाएगा। भाजपा ने 1996 में संसदीय चुनाव जीते और अटलजी को भारत के 10वें प्रधानमंत्री के तौर पर शपथ दिलाई गई।

वे 1996 से 2004 तक लगातार तीन बार भारत के प्रधानमंत्री रहे। उनका पहला कार्यकाल महज 13 दिन का रहा, क्योंकि संसद् में बहुमत

सिद्ध करने के लिए वे पर्याप्त सीटें हासिल करने में विफल रहे। इसके परिणामस्वरूप यह एक त्रिशंकु संसद् रही। यह कांग्रेस के लिए उस समय सबसे खराब परिणाम था। अलग अलग लोगों ने इसके लिए नरसिम्हा राव की अलोकप्रियता और पार्टी के भीतर विभिन्न आंतरिक टकरावों को जिम्मेदार ठहराया।

अटलजी को राष्ट्रपति शंकर दयाल शर्मा द्वारा आमंत्रित किया गया। उन्हें संसद् में बहुमत सिद्ध करने के लिए दो सप्ताह का समय दिया गया। अटलजी ने कुछ क्षेत्रीय एवं मुस्लिम पार्टियों से समर्थन लेकर एक गठबंधन की सरकार बनाने का प्रयास किया, हालाँकि इन पार्टियों ने भाजपा को समर्थन देने से मना कर दिया, क्योंकि उन्हें कुछ खास तरह की राष्ट्रवादी नीतियाँ लागू किए जाने का भय था। संसद् में 545 सीटों में से 200 से अधिक सांसदों से समर्थन हासिल करने में भाजपा के विफल रहने के बाद अटलजी ने 13 दिनों बाद प्रधानमंत्री पद से इस्तीफा दे दिया।

नरसिम्हा राव

पामुलपति वेंकट नरसिम्हा राव एक भारतीय वकील और राजनेता थे, जिन्होंने भारत के प्रधानमंत्री के तौर पर सेवाएँ दीं। प्रधानमंत्री पद के लिए उनका प्रभुत्व राजनीतिक रूप से इस मायने में महत्त्वपूर्ण था कि वे गैर हिंदीभाषी दक्षिण भारत से इस पद पर पहुँचनेवाले पहले व्यक्ति थे। उन्होंने एक महत्त्वपूर्ण प्रशासक के तौर पर बड़े आर्थिक सुधार किए और भारत की राष्ट्रीय सुरक्षा को प्रभावित करनेवाले कई निर्णय किए। राव ने उद्योग मंत्रालय अपने पास रखते हुए व्यक्तिगत तौर पर लाइसेंस राज खत्म करने में अहम भूमिका निभाई, क्योंकि

उस समय यह विभाग वाणिज्य एवं उद्योग मंत्रालय के अधीन हुआ करता था। उन्हें अकसर 'भारतीय आर्थिक सुधारों का पितामह' कहा जाता है। बाद के प्रधानमंत्रियों अटलजी और मनमोहन सिंह ने राव की सरकार द्वारा शुरू की गई आर्थिक सुधार की नीतियों को जारी रखा। राव ने राजीव गांधी की सरकार द्वारा लागू की गई समाजवादी नीतियों को पलटते हुए लाइसेंस राज को खत्म करने में तत्परता दिखाई। उन्होंने ऐतिहासिक आर्थिक बदलाव लाने के लिए डॉ. मनमोहन सिंह को अपना वित्तमंत्री बनाया। राव को संसद् के जरिए सख्त आर्थिक एवं राजनीतिक कानूनों को पारित कराने में उनकी योग्यता के लिए चाणक्य के तौर भी जाना जाता है, क्योंकि उन्होंने ये कार्य तब किए जब वे एक अल्पमत सरकार के मुखिया थे।

अटलजी का दूसरा कार्यकाल

वर्ष 1996 में बनी सरकार दो साल बाद गिर गई और नए सिरे से चुनाव कराए गए। भाजपा को फिर से सबसे अधिक सीटें मिलीं और वह अन्य सभी पार्टियों से आगे थी। इस बार, भाजपा ने लोकसभा में 545 में से 286 सांसदों का समर्थन हासिल किया। मिलती-जुलती विचारधारा वाली पार्टियों का एक समूह भाजपा के साथ आया और राष्ट्रीय जनतांत्रिक गठबंधन (राजग) का गठन कर अटलजी को प्रधानमंत्री चुना गया।

हालाँकि, 13 महीने के भीतर, जे. जयललिता की अगुवाई वाली ऑल इंडिया अन्ना द्रविण मुन्नेत्र कड़गम (अन्नाद्रमुक) ने सरकार से अपना समर्थन वापस ले लिया। अटलजी का गठबंधन आंतरिक टकरावों से ग्रस्त था और विपक्ष के नेता भी सरकार बनाने में विफल

रहे, इसलिए लोकसभा भंग कर दी गई और फिर से चुनाव कराए गए। चुनाव होने तक अटलजी प्रधानमंत्री बने रहे।

प्रधानमंत्री के तौर पर उनका एक साल का कार्यकाल 'दृढ़ विश्वास के साहस के एक साल' के तौर पर जाना गया। उनके एक साल के कार्यकाल के दौरान उन्होंने भारत और विदेश में सम्मान अर्जित किया। 1998 में पोखरण में परमाणु परीक्षणों के बाद भारत इस तरह के परमाणु परीक्षण करने वाले कुछ चुनिंदा देशों में से एक बन गया था। अटलजी ने बातचीत के एक नए युग की शुरुआत कर पाकिस्तान के साथ शांतिपूर्ण तरीके से मुद्दों को सुलझाने का भी प्रयास किया।

ऑपरेशन शक्ति

वर्ष 1998 में अटलजी द्वारा एक पूर्ण परमाणु परीक्षण के साथ भारत ने इसकी घोषणा की। यह ऑपरेशन शक्ति के जरिए ही संभव हो सका। अटलजी ने 1996 में अपनी अल्प समय की सरकार के दौरान ही परमाणु परीक्षणों के लिए अधिकृत कर दिया था, हालाँकि यह अहसास होने लगा कि यह सरकार ज्यादा दिनों तक नहीं चलेगी, जिससे परीक्षण के बाद की चीजों से निपटना मुश्किल होगा, इस ऑपरेशन को रोक दिया गया। जब अटलजी 1998 के चुनावों के बाद दोबारा सत्ता में आए तो उन्होंने स्पष्ट कर दिया कि वे परमाणु परीक्षण करने का विकल्प अपनाना चाहेंगे। उन्होंने अपने भाषण में कहा, 'राष्ट्रीय सुरक्षा के साथ कोई समझौता नहीं किया जाएगा। हम अपनी सुरक्षा और संप्रभुता की रक्षा के लिए परमाणु के विकल्पों सहित सभी विकल्पों का उपयोग करेंगे।' वे चाहते थे कि भारत को विश्व मंच पर सम्मान हासिल हो। अटलजी परमाणु परीक्षण से पहले एक बैठक

में ए.पी.जे. अब्दुल कलाम और ए.ई.सी. के चेयरमैन आर. चिदंबरम से मिले। चिदंबरम ने महसूस किया कि भारत को परमाणु परीक्षण करने की जरूरत है और इसलिए वे अटलजी के इस मिशन में उनकी मदद करना चाहते थे। अटलजी को चिदंबरम द्वारा परमाणु कार्यक्रम पर गहन जानकारी दी गई। कलाम ने भी इस कार्यक्रम की स्थिति पेश कर उनकी मदद की। इस बैठक की समाप्ति पर वे इस निष्कर्ष पर पहुँचे कि वे इन परीक्षणों को करने के लिए तैयार हैं।

9 अप्रैल को अटलजी, कलाम और चिदंबरम ने इस बात पर चर्चा करने कि वे कैसे इन परीक्षणों को करेंगे, दोबारा बैठक की। कलाम ने 30 दिनों की एक समय सीमा दी। अटलजी से अनुमति मिलने के बाद वैज्ञानिकों ने पोखरण में तैयारियों की समीक्षा की। इन परीक्षणों को वास्तव में करने से पहले परीक्षण संबंधी विभिन्न तैयारियाँ की गईं। परमाणु परीक्षण करने के लिए 11 मई का दिन चुना गया।

हालाँकि, एक अप्रत्याशित घटना में 6 अप्रैल को पाकिस्तान ने गौरी नाम की एक नई मिसाइल का परीक्षण कर डाला, जिसकी मारक क्षमता 1500 किलोमीटर थी और पेलोड 700 किलोग्राम था। यह भारत के लिए एक झटका था, क्योंकि यह सोचा गया था कि भारत पाकिस्तान से काफी आगे है। इससे जितना जल्द संभव हो सके, इन परमाणु परीक्षणों को करने के लिए अटलजी का संकल्प और मजबूत हुआ।

सोमवार, 11 मई, 1998 को भारत को अंतरराष्ट्रीय भूकंपीय मॉनीटरों के मानकों के मुताबिक एक पूर्ण परमाणु हथियार संपन्न राष्ट्र घोषित कर दिया गया। इसे एक थर्मोन्यूक्लियर हथियार डिजाइन के विस्फोट के साथ पूरा किया गया। यह उन तीन परमाणु उपकरणों में

से एक है, जिसे भारत-पाक सीमा के पास राजस्थान के थार रेगिस्तान में सतह के नीचे किलोटन रेंज परिणामों के साथ एकसाथ विस्फोट किया गया। इसे आधिकारिक तौर पर अटलजी द्वारा प्रमाण के साथ प्रस्तुत किया गया।

अटलजी ने कहा, 'मुझे यह घोषणा करते हुए खुशी है कि आज दोपहर 3:45 बजे भारत ने पोखरण रेंज (राजस्थान राज्य में) में तीन भूमिगत परमाणु परीक्षण किए। इनमें मई 1974 में किए गए परीक्षण जैसे विस्फोट थे। मैं इन सफल परीक्षणों को करनेवाले वैज्ञानिकों और इंजीनियरों को हृदय से बधाई देता हूँ।'

प्रधानमंत्री अटलजी के प्रधान सचिव बृजेश मिश्र ने संवाददाताओं को बताया, 'इन परीक्षणों से यह सिद्ध हो गया है कि भारत के पास परमाणु हथियार बनाने के कार्यक्रम के लिए एक प्रमाणित क्षमता है।'

महज दो दिनों बाद 13 मई को 6:51 पर और दो सब-किलोटन परमाणु उपकरणों का भूमिगत विस्फोट किया गया। इस प्रकार से, यह घोषित किया गया कि परीक्षण की यह श्रृंखला पूरी हुई।

भारत में 11 मई को राष्ट्रीय प्रौद्योगिकी दिवस के तौर पर घोषित किया गया। आमतौर पर इस दिन को विज्ञान एवं प्रौद्योगिकी के क्षेत्र में योगदान करनेवाले विभिन्न व्यक्तियों और उद्योगों को पुरस्कार देकर मनाया जाता है। इस ऑपरेशन के सफल रहने की वजह से भारत की प्रौद्योगिकीय प्रगति में मामूली बढ़ोतरी हुई। परमाणु हथियार रखनेवाले चुनिंदा देशों की सूची में भारत के शामिल होने के बाद एशिया में एक नया रणनीतिक आयाम उभरा।

पाकिस्तान ने भारत के परमाणु परीक्षणों का जोरदार ढंग से जवाब दिया। इसने इस क्षेत्र में एक परमाणु होड़ उकसाने का भारत पर आरोप

लगाया। पाकिस्तान के विदेश मंत्री गोहर अयूब खान ने घोषणा की कि पाकिस्तान अपने बलबूते परमाणु परीक्षण करने को तैयार है। उन्होंने एक इंटरव्यू में कहा, 'पाकिस्तान भारत की बराबरी करने को तैयार है। हमारे पास क्षमता है...हम पाकिस्तान में सभी क्षेत्रों में भारत के साथ संतुलन बनाए रखेंगे।' उन्होंने कहा, 'हम इस उपमहाद्वीप पर हथियारों की एक अंधाधुंध दौड़ में हैं।' भारत के परमाणु परीक्षण के पंद्रह दिनों बाद पाकिस्तान ने चगई और खारन में छह भूमिगत परमाणु परीक्षण किए।

लाहौर शिखर सम्मेलन

अटलजी का मानना था कि पाकिस्तान और भारत के बीच बढ़ते तनाव को कम किया जाना चाहिए। यह टकराव हर दिन खासकर इन दोनों देशों में परमाणु परीक्षणों के बाद और कश्मीर मुद्दे के चलते बढ़ रहा था। उन्होंने इसे हासिल करने के लिए एक पूर्ण स्तरीय कूटनीतिक शांति प्रक्रिया शुरू की। दोनों देशों के विदेश मंत्री मिले और इस बात पर चर्चा की कि दक्षिण एशिया क्षेत्र में सैन्य तनाव कम करने के लिए एक शांति समझौता किया जाना चाहिए।

लाहौर शिखर सम्मेलन में दोनों देशों की सरकारों द्वारा एक संधि पर हस्ताक्षर किए गए। दोनों देशों के बीच रिश्ते बेहतर करने के मकसद से यह समझौता किया गया था।

इस संधि के नियमों पर चर्चा करने के लिए अटलजी नवाज शरीफ से मिले। यह दो दिवसीय शिखर सम्मेलन भारत-पाकिस्तान के रिश्तों में एक मील का पत्थर साबित हुआ। यह एक आशाजनक शुरुआत समझी गई। इस संधि में दोनों देशों द्वारा परमाणु हथियारों के

दुर्घटनावश उपयोग या अनाधिकृत उपयोग पर रोक लगाई गई। इसमें सरकार पर परमाणु होड़ से और साथ ही गैर पारंपरिक एवं पारंपरिक टकरावों से बचने की जिम्मेदारी डाली गई। यह दोनों देशों के लिए एक ऐतिहासिक क्षण साबित हुआ, क्योंकि इसने पारस्परिक विश्वास के लिए एक माहौल प्रदान किया। प्रधानमंत्री नवाज शरीफ और प्रधानमंत्री अटलजी इस संधि पर हस्ताक्षर करने में सफल रहे। लाहौर संधि को उसी वर्ष लागू कर दिया गया, जिस वर्ष इस पर हस्ताक्षर किए गए थे।

अटलजी ने फरवरी, 1999 में लाहौर और दिल्ली के बीच ऐतिहासिक बस सेवा शुरू की। इससे इन दो राजधानियों के बीच यात्रा करना लोगों के लिए आसान हो गया। 11 फरवरी, 1999 को पाकिस्तान के विदेश कार्यालय ने घोषणा की कि भारतीय प्रधानमंत्री अटलजी दोनों देशों के बीच इस पहली बस सेवा में यात्रा करेंगे। दिल्ली से लाहौर की यात्रा पूरी करने पर नवाज शरीफ द्वारा उनका गर्मजोशी से स्वागत किया गया। पाकिस्तानी सेना की इकाइयों ने शरीफ के साथ उनका स्वागत किया और उन्हें गारद सलामी दी। इस तरह से अटलजी ने पाकिस्तान का ऐतिहासिक दौरा किया। इस बस सेवा के उद्घाटन पर बस में भारत की कई नामी हस्तियाँ, जैसे—देव आनंद, जावेद अख्तर, कपिल देव, सतीश गुजराल और शत्रुघ्न सिन्हा भी गए। इन सभी हस्तियों का गर्मजोशी के साथ स्वागत किया गया और मीडिया ने वाघा सीमा पर इसे शानदार कवरेज दिया। महज एक साल पहले शरीफ कश्मीर विवाद और परमाणु परीक्षणों को लेकर अटलजी से टकराव की मुद्रा में थे, लेकिन इस तनाव को कम करने के लिए अटलजी की यात्रा एक बड़ा प्रयास था।

दोनों देशों ने आपस में व्यापार संबंधों का विस्तार किया और

दोनों के बीच पारस्परिक समझ बढ़ी। इन्होंने दक्षिण एशिया को परमाणु निरस्त्रीकरण की दिशा में ले जाने का लक्ष्य रखा।

हालाँकि, वर्ष 1999 में अटलजी सरकार अपने सफल प्रयासों के बावजूद संकट में आ गई। अन्नाद्रमुक 1998 में हुए आम चुनावों के बाद बनी इस गठबंधन सरकार से समर्थन वापस लेने की लगातार धमकी देती रही। ये नेता अन्नाद्रमुक प्रमुख जे. जयललिता को मनाने के लिए बार-बार दक्षिण भारत जाते रहे। चुनावों के 13 महीने बाद अन्नाद्रमुक ने राजग सरकार से अपना समर्थन वापस ले लिया। इससे अटलजी सरकार एक कार्यवाहक की स्थिति में आ गई। किसी भी पार्टी के पास बहुमत नहीं होने से फिर से चुनाव कराने पड़े।

कारगिल युद्ध

आतंकवाद पर अटलजी का विचार सुस्पष्ट और असाधारण था। उनके मुताबिक, आतंकवाद एक ऐसी भारी चुनौती है, जो भारत के सामने खड़ी है।

भारत में कारगिल और नियंत्रण रेखा (एलओसी) के आसपास 1999 में मई से जून के बीच भारत और पाकिस्तान के बीच लड़ाई शुरू हुई। भारत में इस लड़ाई को ऑपरेशन विजय का नाम दिया गया। इस ऑपरेशन का लक्ष्य कारगिल सेक्टर को पाकिस्तानी घुसपैठियों और आतंकियों से मुक्त करना था और इसकी वजह से एक युद्ध शुरू हुआ। यह युद्ध 6 मई से जून के अंत तक चला। यह दोनों देशों के बीच पाँचवाँ व्यापक स्तर का संघर्ष था। पाकिस्तान का कारगिल प्रयास, पाकिस्तानी सरकार द्वारा जम्मू कश्मीर को हासिल करने के

लिए पूर्व में अपनाए गए विभिन्न विकल्पों की एक तरह से पराकाष्ठा थी।

इस कारगिल युद्ध के तीन प्रमुख चरण थे। प्रथम चरण में पाकिस्तानी सैनिकों द्वारा भारत के नियंत्रण वाले कश्मीर क्षेत्र में घुसपैठ करना और उन स्थानों पर कब्जा जमाना था, जो एनएच 1 को उनके तोपची सैनिकों की रेंज में ले आए। अगले चरण में भारत द्वारा इस घुसपैठ का पता लगाना और जवाबी काररवाई करना शामिल था। तीसरे चरण में भारत और पाकिस्तान के सशस्त्र बलों के बीच भारी युद्ध करना शामिल था। अंततः युद्ध में भारत मजबूत स्थिति में उभरकर सामने आया, क्योंकि इसने पाकिस्तानी बलों के कब्जे से उन इलाकों पर दोबारा कब्जा कर लिया। पाकिस्तान को अंतरराष्ट्रीय दबाव के बाद अपने सैनिकों को वापस बुलाना पड़ा।

इस बार पाकिस्तानी सेना के इस हमले के पीछे की एक वजह यह थी कि उन्होंने यह मान लिया था कि अटल सरकार केवल एक कार्यवाहक सरकार है और इसलिए भारत नाजुक स्थिति में है। 1999 में लोकसभा में एक अविश्वास प्रस्ताव में वाजपेयी सरकार गिर गई थी। इतनी अलग-अलग गतिविधियों में शामिल होने के साथ भारतीय सशस्त्र बल इस तरह के तालमेल वाले अप्रत्याशित हमले का मुकाबला करने की स्थिति में नहीं होंगे। उन्होंने यह भी सोचा कि अगर एक बार वे कारगिल सेक्टर में हिमालय की ऊँचाइयों में अपना ठिकाना बना लेते हैं तो भारतीय सशस्त्र बल टक्कर लेने और पाकिस्तानी सशस्त्र बलों को बाहर निकालने की स्थिति में नहीं होंगे। यह आकलन भारतीय मीडिया की विभिन्न रपटों पर आधारित था, जिसमें इस बात को उजागर किया जाता रहा कि भारतीय सेना के पास सैनिकों और उपकरणों की कमी है। पाकिस्तान ने यह धमकी भी दी कि अगर पानी सिर से

ऊपर गया तो वे युद्ध जीतने के लिए परमाणु हथियारों का इस्तेमाल करने से भी नहीं चूकेंगे। यह लड़ाई जनरल परवेज मुशर्रफ द्वारा शुरू की गई, जिन्होंने लोकतांत्रिक ढंग से निर्वाचित नवाज शरीफ सरकार का तख्ता पलट किया और खुद को पाकिस्तान का मुख्य कार्यकारी निर्वाचित किया। उनका मानना था कि सैनिक घुसपैठ से पाकिस्तान को कश्मीर हासिल करने का अपना उद्देश्य हासिल करने में मदद मिलेगी। कश्मीर में घुसपैठ के प्रस्ताव बेनजीर भुट्टो और जिया-उल-हक जैसे पहले के नेताओं को भी दिए गए थे, लेकिन उन्होंने दोनों देशों के बीच भारी युद्ध छिड़ने के भय से इन प्रस्तावों को खारिज कर दिया था। नवाज शरीफ ने दावा किया कि उन्हें इस योजना की जानकारी नहीं थी और उन्हें तब इस बारे में पता चला जब अटलजी ने खुद इस मामले में पूछताछ के लिए उन्हें फोन किया।

पाकिस्तानी सशस्त्र सैनिकों ने सादी वर्दी में भारत की ओर नियंत्रण रेखा से प्रवेश किया। इस घुसपैठ से कश्मीर में उन 200 से अधिक गाँवों में अफरा-तफरी मच गई, जो नियंत्रण रेखा के करीब थे। करीब 45,000 ग्रामीण अपने घरों से भाग गए और सुरक्षित इलाकों में शरण ली। जून के मध्य तक इनकी संख्या बढ़कर एक लाख तक पहुँच गई। रिपोर्ट के मुताबिक, पाकिस्तान ने राजौर पुंछ इलाके के सामने करीब 3,000 से 5,000 सुप्रशिक्षित घुसपैठियों को एकत्र कर रखा था।

मई के अंत तक कारगिल में स्थिति बहुत नाजुक थी। श्रीनगर-लेह राजमार्ग पर नागरिक यातायात रोक दिया गया था। सेना ने समूह बनाने शुरू कर दिए और दुश्मन को खत्म करने की योजनाएँ बना ली थीं। उपकरणों की कमी थी। पूरे देश की स्थिति पर पैनी नजर थी।

इस बीच, विपक्षी पार्टी कांग्रेस ने इस स्थिति का राजनीतिक फायदा उठाने की कोशिश की। आम चुनाव महज चार महीने दूर थे और कांग्रेस ने इस आपात स्थिति का अधिक से अधिक लाभ लेने का प्रयास किसा। उन्होंने पाकिस्तानी हमले का अनुमान लगाने में सरकार की असमर्थता पर सवाल खड़ा किया, हालाँकि जैसे ही भारतीय सेना की बहादुरी और उनके शहीद होने की रपटें आने लगीं, अटलजी सरकार को आम जनता से सहयोग मिला। सरकार के एक अन्य निर्णय की लोगों ने सराहना की और वह निर्णय था शहीद हुए जवानों के पार्थिव शरीर को उनके पैतृक घरों को भेजना।

कारगिल युद्ध से यह स्पष्ट हो गया कि पाकिस्तान द्वारा जिस कूटनीतिक और शांति संधि पर हस्ताक्षर किया गया था, वह महज एक भ्रम था। अटल सरकार को लेकर लोगों में यह धारणा बनी कि एक कार्यवाहक सरकार होने के बावजूद उनकी सरकार आपात स्थिति से निपटने के लिए पर्याप्त रूप से मजबूत है। उस सरकार ने भारतीय सेना को युद्ध लड़ने के लिए आवश्यक सभी उपकरण भी उपलब्ध कराए।

इस टकराव के बाद जंग खत्म करने के लिए पाकिस्तान ने अमेरिका से मदद माँगी

अमेरिकी राष्ट्रपति बिल क्लिंटन ने पाकिस्तान द्वारा भारत की ओर नियंत्रण रेखा से सभी सैनिक हटाए जाने तक इस मामले में हस्तक्षेप करने से मना कर दिया। शरीफ सेना हटाने पर राजी हो गए और लड़ाई जल्द ही थम गई। नियंत्रण रेखा के पार हमले रोकने के लिए वाघा सीमा पर एक बैठक की गई। इसके परिणामस्वरूप, भारत सेना बुलाने की प्रक्रिया के दौरान हवाई हमले रोकने पर राजी हो गया। सेना की

वापसी 13 जुलाई को शुरू हुई। अटलजी की कड़ी मेहनत और भारतीय सशस्त्र बलों द्वारा किए गए प्रयासों के अच्छे परिणाम सामने आए।

नियंत्रण रेखा पार करने और युद्ध भड़काने के लिए पाकिस्तान की अंतरराष्ट्रीय समुदाय द्वारा आलोचना की गई। इस आलोचना को लेकर पाकिस्तान का जवाब कूटनीतिक था। उन्होंने विश्वसनीय ढंग से इससे इनकार किया और इसे 'कश्मीरी स्वतंत्रता सेनानियों' द्वारा किया गया कार्य करार दिया, हालाँकि उनके प्रयास सफल नहीं हुए। यह पाया गया कि यह लड़ाई वहाँ लड़ी गई, जहाँ केवल मंजे हुए सैनिक जीवित रह सकते हैं, लेकिन लड़ाई लड़नेवाली फौज, साजों सामान के मामले में कमजोर थी और यही नहीं, उन्हें इस तरह की लड़ाई लड़ने के लिए पर्याप्त ढंग से प्रशिक्षित भी नहीं किया गया गया था। कई पाकिस्तानी सैनिकों को वीरता पुरस्कार दिए गए थे। इससे इस एपिसोड में पाकिस्तान की भूमिका की पुष्टि हुई। पाकिस्तान ने यह कहते हुए कई विरोधाभासी बयान दिए कि वह नियंत्रण रेखा अपने आप में विवादास्पद है। उन्होंने कश्मीर मुद्दे को अंतरराष्ट्रीय मुद्दा बनाने का भी प्रयास किया, ताकि अन्य देशों से उसे सहानुभूति मिल सके। प्रधानमंत्री नवाज शरीफ अमेरिकी राष्ट्रपति बिल क्लिंटन का समर्थन हासिल करने के लिए उनसे मिलने अमेरिका गए, हालाँकि क्लिंटन ने शरीफ को फटकार लगाई। वहीं दूसरी ओर, उन्होंने नियंत्रण रेखा पार नहीं करने का संयम बरतने और इस टकराव के युद्ध में तब्दील होने पर युद्ध लड़ने के लिए भारत की सराहना की।

कारगिल में विजय से अटलजी की छवि और निखर गई। उनकी बुद्धिमानी और मजबूत नेतृत्व कौशल के लिए उनकी सराहना की गई। भाजपा अध्यक्ष नितिन गडकरी द्वारा मुंबई में अटलजी की एक मोम

की प्रतिमा का अनावरण किया गया। इस प्रतिमा को लोनावाला में मोम के संग्रहालय में रखा गया।

अटलजी का मानना था कि सीमाओं को परिभाषित करने के लिए धर्म या तलवार का उपयोग नहीं किया जाना चाहिए। यह सामंजस्य स्थापित करने का युग है न कि टकराव का। भारत के नागरिक कश्मीर और लद्दाख में खून-खराबे से थक चुके हैं। यह खून-खराबा रोकने और इसके बजाय घावों पर मल्हम लगाने का समय है। यह मानवता की ताकत का इस्तेमाल करके ही किया जा सकता है।

अटलजी का तीसरा कार्यकाल

अन्नाद्रमुक द्वारा समर्थन वापस लिए जाने के चलते राजग सरकार गिरने के बाद 1999 में फिर से आम चुनाव कराए गए। राजग ने फिर चुनाव लड़ा। इसके आम चुनावी घोषणा पत्र को 'एक गौरवान्वित, समृद्ध भारत के लिए एजेंडा' कहा गया। राजग ने अपने विजन को 'भारत एक विकसित देश' के तौर पर परिभाषित किया।

कारगिल ऑपरेशन के सफल परिणामों के साथ भाजपा की अगुवाई वाला राजग लोकसभा में 543 में से 303 सीटें पाने में कामयाब रहा और इस तरह से फिर से सरकार बनाई। अटलजी ने तीसरी बार प्रधानमंत्री के तौर पर शपथ ली।

वर्ष 2001 में मंत्रिमंडल में फेरबदल के तहत अटलजी द्वारा करिया मुंडा, वेद प्रकाश गोयल, सैयद शाहनवाज हुसैन और तपन सिकंदर को कैबिनेट मंत्री के तौर पर और अन्ना साहिब पाटिल, अशोक प्रधान, रवि शंकर प्रसाद एवं राजीव प्रताप रूड़ी को राज्य मंत्री के तौर पर मंत्रिमंडल में शामिल किया गया। 2002 में मंत्रिमंडल में

फेरबदल में उन्होंने चार मंत्रियों को बाहर किया और चार नए कैबिनेट मंत्री एवं 9 नए राज्यमंत्री शामिल किए। 2003 में एक अन्य मंत्रिमंडलीय फेरबदल के तहत अटलजी ने तीन नए कैबिनेट मंत्री और पाँच राज्यमंत्री शामिल किए।

महिला सशक्तीकरण

अटलजी ने चुनाव के प्रथम दौर की पूर्व संध्या से ही महिला अधिकार के सशक्तीकरण का वादा किया। उन्होंने यह बात समझी कि समाज के लाभ के लिए महिला सशक्तीकरण आवश्यक है। उनका मानना था कि महिला और पुरुष के बीच भेदभाव खत्म करने और समानता स्थापित करने के बारे में बात करना ही पर्याप्त नहीं है। महिलाओं के राजनीतिक, सामाजिक और आर्थिक उत्थान के लिए नई व्यवस्थाएँ बनानी जरूरी हैं। साथ ही लोगों को लैंगिक मुद्दों के बारे में जागरूक भी करना होगा। अटल सरकार ने महिलाओं को सशक्त करने की जिम्मेदारी अपने कंधों पर ली। उन्होंने लड़कियों की शिक्षा पर खास जोर देने का निर्णय किया।

उन्होंने महसूस किया कि महिलाओं से जुड़ी मुख्य समस्याएँ शिक्षा की कमी से शुरू होती हैं। इस समस्या को हल करने के लिए अटलजी ने देशभर में स्नातक स्तर तक लड़कियों को निःशुल्क शिक्षा उपलब्ध कराने का प्रस्ताव किया। उनका मानना था कि केवल शिक्षा के जरिए ही एक महिला अपना भविष्य उज्ज्वल और आशावान बना सकती है। लड़कियों की शिक्षा के लिए 550 करोड़ रुपए दिए गए। प्राथमिक स्कूलों में लड़कियों के लिए पुस्तकें एवं स्टेशनरी के अन्य आवश्यक सामान खरीदने के लिए यह धन दिया गया था।

महिलाओं पर विकास योजनाओं के अलग-अलग प्रभाव और साथ ही महिलाओं के लिए नए रास्ते खोलने के लिए बाधाओं को हटाना महत्त्वपूर्ण था। राजनीति में महिलाओं की सक्रिय भागीदारी सुनिश्चित करने के लिए राज्य एवं संघीय विधानमंडलों में महिलाओं के लिए एक तिहाई सीटें आरक्षित की गईं। राष्ट्रीय विकास की रणनीति के सभी क्षेत्रों में महिलाओं के घटक शामिल किए गए। इनका उद्देश्य उन बाधाओं को हटाना था, जो शिक्षा और स्वास्थ्य के क्षेत्रों में महिलाओं की समानता में अवरोध थे।

राजराजेश्वरी एवं भाग्यश्री योजना नाम से दो बीमा योजनाएँ लाई गईं। राजराजेश्वरी ने महिलाओं को आर्थिक सुरक्षा उपलब्ध कराई, जबकि भाग्यश्री योजना ने धन से जुड़े मुद्दों को लेकर महिलाओं की मदद की। अटलजी ने राष्ट्रीय महिला आयोग, राष्ट्रीय मानवाधिकार आयोग, अल्पसंख्यक आयोग, अनुसूचित जाति एवं अनुसूचित जनजाति आयोग और पिछड़ा वर्ग आयोग, जैसे विभिन्न संस्थानों की भी स्थापना की।

उन्नतम न्यायालय ने कुछ प्रगतिशील फैसले दिए, जिनसे महिला सशक्तीकरण में मदद मिली। इन फैसलों में लिंग आधारित हिंसा के खिलाफ महिलाओं के अधिकार, कार्यस्थल पर उत्पीड़न, संपत्ति के अधिकार देने से मनाही और असमान संरक्षण कानून शामिल हैं।

अटलजी ने समाज और कार्यस्थल पर ऐसी स्थितियाँ बनाने का भी संकल्प लिया, जो महिलाओं के लिए सुरक्षित माने जाते हों। यौन उत्पीड़न रोधक संहिता बनाई गई। समान कार्य के लिए समान वेतन का सिद्धांत भी लागू किया गया।

अटलजी की प्रिय परियोजनाएँ

अटलजी की प्रिय परियोजनाएँ—राष्ट्रीय राजमार्ग विकास परियोजना और प्रधानमंत्री ग्राम सड़क योजना थीं।

राष्ट्रीय राजमार्ग विकास परियोजना का उद्‍देश्य भारत के सभी प्रमुख राष्ट्रीय राजमार्गों का उन्नयन, पूर्व दशा में लाकर और उन्हें चौड़ा कर बेहतर राजमार्गों का विकास करना था। सड़क परिवहन एवं राजमार्ग मंत्रालय के तहत इन परियोजनाओं का प्रबंधन भारतीय राष्ट्रीय राजमार्ग प्राधिकरण द्वारा किया जाता है। अटलजी सरकार के विशेष पेट्रोलियम उत्पाद कर राजस्व द्वारा इन परियोजनाओं के लिए करीब 71 अरब डॉलर का निवेश किया गया है और सरकारी उधारी से बहुत हद तक इस परियोजना का वित्त पोषण किया गया। इस क्रिया-कलाप को छह चरणों में बाँटा गया था। जनवरी 2012 में यह घोषणा की गई कि चार प्रमुख शहरों—दिल्ली, मुंबई, कोलकाता और चेन्नई को जोड़नेवाला स्वर्णिम चतुर्भुज नेटवर्क पूरा हो गया। इस ऑपरेशन के तहत कई राजमार्गों को चौड़ा किया गया। साथ ही कई एक्सप्रेस-वे का निर्माण किया गया।

इस परियोजना की सफलता से देश के विभिन्न हिस्सों में यातायात में सरलता और सुविधा हुई।

प्रधानमंत्री ग्राम सड़क योजना एक देशव्यापी योजना थी, जिसका उद्‍देश्य देश के ग्रामीण हिस्सों में बेहतर सड़कें उपलब्ध कराना था। इन सड़कों से उन गाँवों को संपर्क उपलब्ध कराया जाना था, जो सड़क मार्गों से कटे थे। वर्ष 2009 में अटलजी ने केंद्र सरकार प्रायोजित इस योजना को शुरू किया। इसका पूर्ण वित्त पोषण केंद्र सरकार द्वारा किया गया। असम ट्रिब्यून की रिपोर्ट में कहा गया कि

इस योजना से असम में कई गाँवों की जीवन-शैली में बदलाव लाने में मदद मिली। इससे नई सड़कें बनीं और मणिपुर में कई गाँवों के भीतर मार्गों का उन्नयन भी हुआ।

इसे लागू करने के लिए लक्ष्यों की पहचान एवं प्रगति पर नजर रखने के उद्देश्य से एक ऑनलाइन प्रबंधन एवं निगरानी प्रणाली या ओएमएमएस जीआईएस प्रणाली विकसित की गई। सी-डैक पुणे के ई-गवर्नेंस विभाग ने इसे विकसित किया। यह भारत में सबसे बड़े डेटाबेस में से एक है। शुरुआत से लेकर अंत तक के सड़क विकास के सभी चरणों का प्रबंधन एवं निगरानी इस प्रणाली द्वारा की गई। यहाँ तक कि प्रत्येक सड़क पर हुए खर्च की इस ओएमएमएस से निगरानी की गई। ओएमएमएस में ई भुगतान, पासवर्ड संरक्षित पीडीएफ फाइलें, इंटरऐक्टिव रिपोर्ट जैसे उन्नत फीचर्स शामिल हैं।

राजग सरकार ने पाँच साल में उन सभी राष्ट्रीय राजमार्गों की कुल लंबाई के करीब आधे का निर्माण पूरा किया, जिनकी आधारशिला पिछले 32 वर्षों में रखी गई थी। देश में 1980 में राष्ट्रीय राजमार्गों की लंबाई 29,023 किलोमीटर थी, जिसे 2012 के अंत तक बढ़ाकर 76,818 किलोमीटर किया गया। इसका अर्थ है कि 32 वर्षों में 47,795 किलोमीटर राष्ट्रीय राजमार्ग जोड़े गए थे। जब राजग सत्ता में थी, 23,814 किलोमीटर राष्ट्रीय राजमार्ग मौजूदा एनएच नेटवर्क में जोड़े गए। राष्ट्रीय राजमार्गों की कुल लंबाई का करीब 50 प्रतिशत तीन दशकों में निर्माण किया गया था। यह स्वतंत्रता के बाद से किसी पाँच वर्ष के दौरान राष्ट्रीय राजमार्गों का सबसे बड़ा निर्माण रहा।

बाल श्रम

अटलजी ने बाल श्रम को हमारे देश के विकास में प्रमुख बाधाओं में से एक माना। श्रम मंत्रालय द्वारा आयोजित राष्ट्रीय बाल श्रम सम्मेलन को संबोधित करते हुए उन्होंने इस समस्या को जड़ से उखाड़कर इस देश से बाल श्रम को खत्म करने की जरूरत पर बल दिया। उन्होंने इस संबंध में जिला कलेक्टरों की अहम भूमिका की ओर भी इशारा किया। उन्होंने कहा, 'यूनिसेफ ने पाया है कि एक दिन ऐसा आएगा, जब राष्ट्रों को न तो उनकी सैन्य या आर्थिक ताकत से और न ही उनकी राजधानी वाले शहरों और सार्वजनिक इमारतों से आँका जाएगा, बल्कि उनके लोगों की बेहतर स्थिति, नाजुक और वंचित स्थिति में रहनेवाले लोगों के लिए किए गए प्रावधान और उनके बच्चों के बढ़ते मस्तिष्क व शरीर के लिए किफायती संरक्षण से आँका जाएगा।'

उन्होंने माना कि मस्ती भरा बचपन और अवसरों से परिपूर्ण जिंदगी जीना हरेक बच्चे का मौलिक अधिकार है, इसलिए अल्प विकसित मस्तिष्क वाले बचपन को पोषित किया जाना चाहिए, क्योंकि ये कुछ महत्त्वपूर्ण प्रभाव्य और रचनात्मक वर्षों में से होते हैं। बच्चों का इस तरह से पालन-पोषण किया जाना चाहिए कि वे अपनी पूर्ण संभावनाओं का दोहन कर सकें, ताकि वे इस देश में अपना योगदान कर सकें।

वे हमारे देश में उन लाखों बच्चों के बारे में चिंतित थे, जो अपनी गरीबी के चलते कम उम्र में श्रम करने के लिए बाध्य हैं। 1991 की जनगणना के मुताबिक, इनकी संख्या 1 करोड़ 12 लाख 80 हजार थी। उनका यह भी विश्वास था कि बाल श्रम उन्मूलन की जिम्मेदारी सरकार के किसी एक मंत्रालय या विभाग पर नहीं छोड़ी

जा सकती। उन्होंने युवा व कम उम्र की कामगार लड़कियों पर खास जोर दिया। ऐसी लड़कियों की शैक्षणिक जरूरतें आमतौर पर उनके परिवार और समाज द्वारा नजरअंदाज की जाती हैं, इसलिए सामाजिक विकास हासिल करने के लिए लड़कियों और युवतियों की शिक्षा महत्त्वपूर्ण है। उन्होंने कहा, 'उनमें निवेश कर हम भारत के भविष्य में निवेश करते हैं।'

परिवर्तन अवधि में उन्होंने कामकाजी बच्चों के लिए पर्याप्त और सहज पहुँचवाले शैक्षणिक अवसरों के सृजन के लिए प्रयास किया। ऐसी समस्या का एक समाधान सांध्यकालीन कक्षाएँ चलानेवाले एनजीओ की मदद से किया जा सकता है। घरों में नौकरानी के तौर पर काम करने के लिए बाध्य लड़कियों को पढ़ाया जाना चाहिए और यह जिम्मेदारी उस परिवार के कंधों पर आती है, जो उन्हें नौकरी पर रखता है। बच्चों की शिक्षा के लिए काम करनेवाले एनजीओ की वित्तीय सहायता भी की जानी चाहिए।

कामकाजी बच्चों के साथ बड़प्पन का व्यवहार किया जाना चाहिए। दुर्भाग्य से उन्हें अकसर नीचा दिखाया जाता है। उनके साथ अमानवीय व्यवहार किया जाता है। इससे उनके मन पर एक अमिट छाप पड़ सकती है। उनके साथ करुणा और संवेदनशीलता के साथ व्यवहार किया जाना चाहिए। इन बच्चों के प्रति मानवीय और सहायतापूर्ण रवैया रखना आवश्यक है, क्योंकि ये बच्चे इस समाज की मूल्यवान् संपत्ति हैं।

अटलजी सरकार ने प्राथमिक और माध्यमिक स्कूलों में शिक्षा की गुणवत्ता में सुधार लाने के उद्देश्य से वर्ष 2001 में महत्त्वाकांक्षी सर्वशिक्षा अभियान शुरू किया। भारत के संविधान में 86वाँ संशोधन कर 6 से 14 वर्ष की आयु के बच्चों की शिक्षा नि:शुल्क और अनिवार्य बना दी गई। शिक्षा बच्चों का मौलिक अधिकार भी बन गया।

अटलजी की बिल क्लिंटन से मुलाकात

मार्च 2000 में बिल क्लिंटन ने अटलजी से मुलाकात करने के लिए भारत की यात्रा की। करीब 22 साल बाद एक अमेरिकी राष्ट्रपति राजकीय यात्रा पर भारत पधारे। यह एक बहु प्रतीक्षित यात्रा थी। अटलजी ने 21वीं सदी में वैश्विक शांति और समृद्धि के लिए साथ मिलकर काम करने के उद्देश्य से क्लिंटन के साथ एक संयुक्त विजन घोषणा-पत्र पर हस्ताक्षर किए। इस यात्रा से महज दो साल पहले पोखरण परमाणु परीक्षण किया गया था और एक साल पहले कारगिल आक्रमण और इसके उपरांत पाकिस्तान में तख्ता पलट हुआ था।

यह रिपोर्ट आई कि अटलजी की अमेरिका यात्रा के दौरान एक अजीब घटना घटी। राष्ट्रपति बिल क्लिंटन के हाथ से रेड वाइन से भरा ग्लास गलती से अटलजी की जैकेट पर छलक गया। यह घटना उस समय घटी जब 17 सितंबर, 2000 को क्लिंटन व्हाइट हाउस के साउथ लॉन में भारतीय प्रधानमंत्री की अगवानी कर रहे थे।

पूर्व उप विदेश मंत्री स्ट्रोब टालबोट ने यह घटना याद दिलाते हुए बताया, (पूर्व भारतीय विदेश मंत्री) जसवंत सिंह और मैं एक लंबी टेबल पर एक-दूसरे के पास बैठे थे, चूँकि हम दोनों को ही मेज की उस तरफ बैठी हस्ती से—इस मामले में एक अमेरिकी अधिकारी से छोटी-छोटी बातें करनी थीं, इसलिए हमें बोलने का ज्यादा मौका नहीं मिला। तकरीबन 700 मेहमानों के लिए 70 गोल मेजें लगी थीं और ब्रुक उनमें से एक पर बैठी थीं। यह अमेरिकी सरकार का सबसे बड़ा राजकीय भोज था।'

उन्होंने कहा, 'शिष्टाचार के बंधनों से हमारे मुकाबले बहुत नीचे

जकड़ी ब्रुक ने खूब मजे लिए। सिर्फ इस कारण ही नहीं कि मेज पर उनका भागीदार हास्य कलाकार चेवी चेज था। वह क्लिंटन को कई साल से जानता था, लेकिन ऐसे क्षण जब राजनय अपने शबाब पर था, वह उनसे मिलने मुख्य मेज पर जाने से हिचकिचा रहा था।'

टालबोट के मुताबिक, 'ब्रुक ने उससे कहा—परेशान मत हो। उसने उसकी बाँह थामी और मंच के मध्य में उसे क्लिंटन तक ले गई। राष्ट्रपति, अटलजी से बातचीत करने की कोशिश कर रहे थे, लेकिन उन्हें बहुत सफलता नहीं मिल रही थी। जब चेज उनके सामने आए तो वे बहुत खुश हो गए। खुश होकर क्लिंटन बढ़े और चेज से हाथ मिलाया और रेड वाइन से भरे अटलजी के अनछुए गिलास से उनका हाथ टकरा गया। सारी शराब अटलजी के जैकेट पर जा गिरी।'

टालबोट के मुताबिक, 'क्लिंटन का चेहरा लाल हो गया, जबकि वेटर और सुरक्षाकर्मी लपके और गीले नैपकिन से अटलजी के जैकेट से शराब पोंछी। अनजाने में ही चेज अपने हावभाव की एक स्थिति पैदा कर चुके थे। वे कुछ सोच नहीं पाए और बहुत नाटकीय ढंग से अपनी एड़ियों पर घूमे और बेख्याली में सीटियाँ बजाने का नाटक करते हुए अपनी जगह लौट आए मानो कुछ हुआ ही न हो।'

उन्होंने कहा, 'जैसे ही वे सीट पर बैठे, उन्होंने एक निगाह मुख्य मेज पर डाली कि वहाँ क्या हो रहा है। उनकी और क्लिंटन की निगाह एक-दूसरे से टकराई और दोनों के बीच में एक क्षण के लिए हलकी सी मुसकराहट का आदान-प्रदान हुआ कि वे इसे लेकर दंग हैं। अटलजी पूरी घटना के दौरान शांत बैठे रहे।'

दोनों देशों के बीच वाणिज्यिक संबंधों विशेष तौर पर ज्ञान

आधारित उद्योगों एवं उच्च प्रौद्योगिकियों में इन संबंधों का इस विजन के तहत विस्तार किया जाएगा। दोनों देश एक मुक्त, समान और पारदर्शी नियम आधारित बहुपक्षीय व्यापार प्रणाली को मजबूत करने की दिशा में काम करेंगे। संसद् में एक संयुक्त सत्र को क्लिंटन ने संबोधित किया। उन्होंने भारत से डब्ल्यूटीओ पर अपनी आपत्तियों से पार पाने और दोनों देशों के दृष्टिकोण में मतभेदों से इस पारस्परिक व्यापार को बाधित नहीं होने देने का आग्रह किया। श्रम मानकों और पर्यावरण को व्यापार, बहुपक्षीय निवेश समझौते और प्रतिस्पर्धा कानून के साथ जोड़ने पर अमेरिका और भारत के मत भिन्न रहे, हालाँकि दोनों देशों का कृषि, औद्योगिक शुल्कों और ई कॉमर्स में एक साझा समान हित है। राष्ट्रपति क्लिंटन की यात्रा के दौरान दोनों देशों के बीच 4-5 अरब डॉलर से अधिक मूल्य के कारोबारी समझौते किए गए।

राष्ट्रपति बिल क्लिंटन ने पौन घंटे लंबे भाषण से लोकसभा में 814 सदस्यों को भी संबोधित किया। इस भाषण और लघु सत्र के अंत में ज्यादातर भारतीय सांसद क्लिंटन के प्रशंसक बन गए। व्यापार और आर्थिक संबंधों में महत्त्वपूर्ण विस्तार, इस बैठक की सबसे बड़ी उपलब्धि रही।

बिल क्लिंटन

विलियम जेफरसन बिल क्लिंटन एक अमेरिकी राजनेता हैं, जो 1993 से 2001 तक अमेरिका के राष्ट्रपति रहे। इससे पूर्व उन्होंने 1979 से 1981 तक और 1983 से 1992 तक अरकैनसास के गवर्नर का पद सँभाला और 1977 से 1979 तक उस प्रांत के एटॉर्नी जनरल रहे। डेमोक्रैटिक पार्टी के सदस्य की विचारधारा के तौर पर क्लिंटन

एक नए डेमोक्रैट थे और उनकी कई नीतियों में एक नरम दल वादी राजकाज के तीसरे प्रकार का दर्शन परिलक्षित हुआ। क्लिंटन ने जब राष्ट्रपति पद छोड़ा, उस समय वे द्वितीय विश्वयुद्ध के बाद से सबसे ऊँची रेटिंग पानेवाले राष्ट्रपति रहे, तब से वे सार्वजनिक व्याख्यान और मानवीय कार्यों में शामिल रहे हैं। क्लिंटन ने एड्स और ग्लोबल वार्मिंग जैसे वैश्विक मुद्दों पर काम करने के लिए विलियम जे. क्लिंटन फाउंडेशन की स्थापना की। वे 2008 के डेमोक्रैटिक राष्ट्रपति पद के नामांकन के लिए अपनी पत्नी की उम्मीदवारी के प्रचार और फिर 2008 और 2012 में बराक ओबामा के राष्ट्रपति पद के चुनाव अभियान के लिए प्रचार कर राजनीति में सक्रिय रहे।

हिंदुत्व का एजेंडा

भाजपा के वैचारिक मार्गदर्शक राष्ट्रीय स्वयंसेवक संघ और वीएचपी, भाजपा की अगुवाई वाली सरकार पर हिंदुत्व एजेंडा को लेकर कानून बनाने का निरंतर दबाव डालते रहे। विनायक दामोदर सावरकर ने 1923 में हिंदुत्व शब्द गढ़ा। यह भारत में हिंदू राष्ट्रवाद का प्रबल रूप है। इसे भारतीय जनता पार्टी ने 1989 में अपनी आधिकारिक विचारधारा के तौर पर अपनाया।

चूँकि वह सरकार एक गठबंधन की सरकार थी, अटलजी के लिए राम जन्मभूमि मंदिर या कश्मीर मुद्दा, जैसे मुद्दों को आगे बढ़ाना असंभव था। इससे राष्ट्रीय स्वयंसेवक संघ और भाजपा के बीच तनाव पैदा हुआ। राष्ट्रीय स्वयंसेवक संघ और भाजपा के कुछ कट्टर नेताओं ने फिर से जनसंघ शुरू करने की धमकी दी। अटल सरकार को लेकर वे असंतुष्ट थे। जनसंघ के पूर्व अध्यक्ष रहे बलराज

मधोक ने एक पत्र के जरिए राष्ट्रीय स्वयंसेवक संघ प्रमुख से समर्थन माँगा। मुक्त बाजार की नीतियों की भी राष्ट्रीय स्वयंसेवक संघ द्वारा आलोचना की गई। इन नीतियों से ही विदेशी सामान भारत में पेश किया जाने लगा और प्रतिस्पर्धा बढ़ी।

राष्ट्रीय संस्कृति पर जोर भाजपा के लिए सबसे महत्त्व की बात थी और यह इस बात से प्रमाणित होता है कि अटलजी ने कई मौकों पर हिंदुत्व को लागू किया। वर्ष 2003 में गुजरात में चुनावी जीत के तुरंत बाद अटलजी ने एक भाषण में यह दोहराया कि 'हिंदुत्व ने एक विराट दर्शन प्रस्तुत किया, जिसका अर्थ इसमें मानव जीवन के सभी व्यापक दृष्टिकोण समाहित हैं। उनके मुताबिक, हिंदुत्व उदार, मुक्ति देनेवाला है और यह विभिन्न समुदायों के बीच किसी भी आधार पर कोई वैर भाव, घृणा या हिंसा बर्दाश्त नहीं करता है। हिंदुत्व हमें इस आधुनिक विश्व की सभी चुनौतियों का सामना करने के लिए सक्षम बनाता है। हिंदुत्व एक सर्व स्वीकार्य धर्मसार है। यह जीवन का एक मार्ग है।' इस भाषण में अटलजी राष्ट्रीय संस्कृति की दोहरी संभावनाओं के प्रभाव को सामने लेकर आए।

ऐसे समय जब देश विकास से रू-ब-रू हुआ, हिंदुत्व का जामा पहने अतीत सामने आया।

यह सांस्कृतिक परंपरा और आर्थिक प्रगति को मिलाता है। अटलजी के मुताबिक, हिंदुत्व राष्ट्रवाद और 'भारतीयता' का पर्याय है। उन्होंने तर्क दिया कि इस अवधारणा पर और बहस की जरूरत नहीं है, क्योंकि उच्चतम न्यायालय ने पिछले साल अपने फैसले में व्यापक ढंग से इसे परिभाषित किया था।

अटलजी ने धर्मनिरपेक्षवाद के दायरे को और राष्ट्रीय संदर्भ में

इसकी प्रकृति को परिभाषित करने के लिए इस पर एक राष्ट्रीय बहस की भी माँग की। अटलजी का भाषण हास्य से ओत-प्रोत था और यह अगले लोकसभा चुनावों के लिए शिवसेना-भाजपा संयुक्त प्रचार अभियान का लगभग एक प्रारंभ था।

इसी भाषण में अटलजी ने विश्वास जताया कि वे एक विशाल बहुमत के साथ अगला चुनाव जीतेंगे। उन्होंने बांग्लादेश से अप्रवासियों की घुसपैठ की भी आलोचना की। अटलजी ने टिप्पणी की कि कांग्रेस को लोकसभा चुनावों में पार्टी की पराजय को देखते हुए समीक्षा करने की जरूरत है।

श्री अटलजी ने पूर्व में इंडियन मर्चेंट्स चैंबर के एक संवाददाता सम्मेलन को संबोधित करते हुए प्रधानमंत्री देवगौड़ा की ओर इशारा किया और वित्तमंत्री पी. चिदंबरम का संदर्भ देते हुए कहा, 'मार्क्स और मार्केट का मिलन नहीं होता।' पी. चिदंबरम को संयुक्त मोर्चा के साझा कार्यक्रम को लागू करने का काम सौंपा गया था। उन्होंने अनुमान लगाया था, 'इस समय तक वह संयुक्त मोर्चा सरकार जा चुकी होगी।'

उन्होंने कहा, 'एक प्रधानमंत्री द्वारा पिछली सरकार की नीतियों को लेकर प्रतिबद्धता जताने के तमाशे से लोग खुश नहीं हैं, जबकि वे अपनी सरकार बनाए रखने के लिए हठधर्मी वामपंथियों के समर्थन के लिए बंधक बने रहते हैं।'

उन्होंने यह भी माना कि संयुक्त मोर्चा के मंत्रालय को लोकसभा में विश्वास मत प्रस्ताव लाना होगा और उसे भाजपा से समर्थन नहीं मिलेगा, हालाँकि उनकी पार्टी 'राष्ट्रीय महत्त्व के मुद्दों' पर देवगौड़ा सरकार का सहयोग करेगी। उन्होंने यह भी कहा कि उन्हें पूर्व में भाजपा की सरकार बनाने को लेकर कोई पछतावा नहीं है और भाजपा को

अलग-थलग करने के अन्य पार्टियों के प्रयास विफल हुए थे। 'उदाहरण के तौर पर द्रमुक ने हमारे लिए सकारात्मक रुख अपनाया था, लेकिन उसकी कुछ मजबूरियाँ थीं, अन्यथा उसने मेरी सरकार को समर्थन नहीं दिया होता।' उन्होंने आगे कहा कि भाजपा स्पष्ट तौर पर एक राष्ट्रीय विकल्प के तौर पर उभरी है।

विश्व हिंदू परिषद्

विश्व हिंदू परिषद्, जिसे संक्षिप्त में वीएचपी कहा जाता है, एक भारतीय दक्षिणपंथी हिंदू राष्ट्रवादी संगठन है और यह हिंदुत्व की विचारधारा पर आधारित है। इसकी स्थापना 1964 में एम.एस. गोलवलकर और एस.एस. आप्टे ने स्वामी चिन्मयानंद के साथ मिलकर की थी। इसका मुख्य उद्देश्य 'हिंदू समाज को संगठित, मजबूत करना और हिंदू धर्म को आगे बढ़ाना एवं इसकी रक्षा करना है।'

वीएचपी, राष्ट्रीय स्वयंसेवक संघ (आरएसएस) के नेतृत्व वाले हिंदू राष्ट्रवादी संगठनों के एक प्रमुख निकाय संघ परिवार से जुड़ा है। यह भारत में सामाजिक सेवा की परियोजनाओं, जैसे हिंदू मंदिरों के निर्माण और जीर्णोधार, गोहत्या और धर्म परिवर्तन के मुद्दों में शामिल है।

पाकिस्तान के साथ संबंध

अटलजी की परवेज मुशर्रफ से मुलाकात

अटलजी ने पाकिस्तान के साथ रिश्ते सुधारने के लिए मुशर्रफ की ओर मित्रता का हाथ बढ़ाया। उन्होंने पाकिस्तान के राष्ट्रपति परवेज मुशर्रफ को एक संयुक्त सम्मेलन और शांति वार्त्ताओं के लिए

दिल्ली और आगरा आने का निमंत्रण देकर गतिरोध दूर किया। कारगिल आक्रमण के बावजूद यह उनका दूसरा मैत्रीपूर्ण प्रयास था। उन्होंने मुशर्रफ को पाकिस्तान के राष्ट्रपति के तौर पर स्वीकार किया और अतीत को भूल जाना उचित समझा। यह एक ऐतिहासिक दो दिन का शिखर सम्मेलन था, जो 14 से 16 जुलाई, 2001 तक चला। इसका उद्देश्य कश्मीर मुद्दे को हल करना और दोनों देशों के बीच शांति स्थापित करना था।

काफी कूटनीतिक प्रयासों के साथ आगरा शिखर सम्मेलन विभिन्न टकरावों को खत्म करने की भारी उम्मीदों के बीच शुरू हुआ। परवेज मुशर्रफ ने इस शिखर सम्मेलन में अपने विचारों को व्यक्त करने के लिए 'सतर्क आशावाद', 'लचीलापन' और 'खुले दिमाग' वाक्यांशों का इस्तेमाल किया। भारतीय राष्ट्रपति के.आर. नारायणन ने भी इस मिशन में अटलजी का सहयोग किया।

राष्ट्रपति मुशर्रफ और प्रधानमंत्री अटलजी के बीच आमने-सामने बैठकर कई दौर की वार्त्ताएँ हुईं। पहले दिन आमने-सामने बैठकर 90 मिनट का सत्र हुआ। दोनों नेताओं ने कश्मीर मुद्दा, सीमा पार आतंकवाद, परमाणु जोखिम में कमी, युद्ध बंदियों की रिहाई और वाणिज्यिक संबंधों, जैसे विभिन्न मुद्दों पर चर्चा की। राष्ट्रपति मुशर्रफ ने ऑल पार्टीज हुर्रियत कॉन्फ्रेंस की अगुवाई में कश्मीर के शीर्ष नेताओं के साथ भी आमने-सामने बैठकें कीं। इन दोनों नेताओं से इस बात की काफी उम्मीदें थीं कि वे एक अनुकूल निष्कर्ष पर पहुँचकर एक संयुक्त बयान जारी करेंगे, लेकिन दुर्भाग्य से ऐसा कोई घोषणा-पत्र जारी नहीं किया गया। शांति की संधि पर कोई बात नहीं बनी, क्योंकि इनके रास्ते में कई बाधाएँ थीं। भारत सरकार अंकित मूल्य पर पाकिस्तान का आश्वासन स्वीकार करने की अनिच्छुक थी, क्योंकि अटलजी को

परवेज मुशर्रफ पर भरोसा नहीं था। मुशर्रफ इससे पूर्व में 1999 में लाहौर शिखर सम्मेलन में संयुक्त शांति प्रयासों को बिगाड़ चुके थे। साथ ही, भारत सीमा पार घुसपैठ को रोकने के पाकिस्तान के संकल्प को लेकर भी असंतुष्ट था। भारत सरकार ने अक्तूबर में कश्मीर में क्षेत्रीय चुनाव कराने की भी योजना बनाई थी।

जून 2001 में आगरा शिखर सम्मेलन की विफलता की वजह कश्मीर में सीमा पार उग्रवाद को समर्थन देना बंद करने से मुशर्रफ का इनकार था। जनरल परवेज मुशर्रफ इस वार्त्ता के विफल रहने के बावजूद अपने अतीत को दफन करने का दोनों देशों से अटलजी के आह्वान में शामिल हुए। उन्होंने भारतीय प्रधानमंत्री को पाकिस्तान आने का न्यौता भी दिया, क्योंकि उन्हें लगा कि पाकिस्तान और भारत के बीच मुद्दे कहीं अधिक जटिल हैं और अल्प अवधि में इन्हें सुलझाया नहीं जा सकता।

संसद् पर हमला

13 दिसंबर, 2001 को नकाबपोश लोगों के एक समूह ने हथियारों और आईडीएस के साथ संसद् भवन पर हमला किया। इन आतंकियों द्वारा कई सुरक्षाकर्मी मारे गए। सुरक्षाबलों ने तुरंत उस भवन को सील कर दिया और आतंकियों को घेर लिया। जाँच करने पर ये आतंकी पाकिस्तानी नागरिक पाए गए। इनके पीछे लश्कर-ए-तैयबा और जैश-ए-मोहम्मद के आतंकियों का हाथ था। ये हमले अमेरिका में 11 सितंबर को हुए हमले के महज तीन महीने बाद किए गए थे। पाकिस्तान की सरकार ने इस हमले की निंदा की।

पाँच आतंकी गृह मंत्रालय और संसद् का लेबल लगी एक कार में संसद् भवन में घुसे। यद्यपि राज्यसभा और लोकसभा की काररवाई स्थगित हो गई थी, लालकृष्ण आडवाणी और रक्षा राज्यमंत्री हरिन पाठक जैसे कई सांसद उस समय संसद् भवन में मौजूद थे। उस भवन में 1000 से अधिक लोग थे। इन आतंकियों के पास एके 47 राइफलें, ग्रेनेड लॉन्चर, पिस्तौल और ग्रेनेड जैसे हथियार थे। इन आतंकियों ने उस कार पर लगे फर्जी स्टिकर के साथ सुरक्षा का घेरा तोड़ा था। दिल्ली पुलिस के अधिकारियों का दावा है कि इस ऑपरेशन को पाकिस्तान की इंटर सर्विसेज इंटेलिजेंस (आईएसआई) के तहत अंजाम दिया गया था। ये बंदूकधारी अपना वाहन उपराष्ट्रपति कृष्णकांत की कार के पास ले गए और गोलीबारी शुरू कर दी। इसी तरह का हमला नवंबर 2001 के दौरान कश्मीर की श्रीनगर विधानसभा पर किया गया था, जिसमें आतंकियों द्वारा 38 लोग मारे गए थे।

प्रधानमंत्री अटलजी ने भारत के रक्षा बलों को लामबंद होने का आदेश दिया। पंजाब, राजस्थान, गुजरात और कश्मीर से लगी अंतरराष्ट्रीय सीमा पर पाँच लाख सैनिकों को तैनात कर दिया गया। इसी तरह का एक कदम पाकिस्तान द्वारा उठाया गया। आक्रामक आतंक विरोधी अभियान के चलते कश्मीर में लोगों की दिन-प्रतिदिन की जिंदगी ठहर गई। अगले दो साल तक दोनों देश लगभग युद्ध की स्थिति में रहे।

अटल सरकार द्वारा आतंक रोधी कानून पारित किया गया। इस हमले में आतंकियों और पुलिसकर्मियों सहित 14 लोगों की जानें गईं।

दिसंबर 2001 और मार्च 2002 के बीच इस सरकार को एक

अन्य आपदा का सामना करना पड़ा। वीएचपी ने अयोध्या में राम मंदिर को लेकर एक प्रमुख गतिरोध में इस सरकार को बंधक बनाकर रखा। यह बाबरी मस्जिद विध्वंस की 10वीं बरसी थी। वीएचपी इस दिन शिलादान करना चाहता था। वे एक समारोह करना चाहते थे, जिसमें वे उस विवादित स्थल पर मंदिर की आधारशिला रखते। वीएचपी कार्यकर्ताओं ने उस जगह जबरदस्ती मंदिर निर्माण करने की धमकी दी। इससे सांप्रदायिक हिंसा का आतंक पैदा हुआ। अटलजी सरकार ने बहुत सावधानी से इस स्थिति को सँभाला। उन्होंने बहुत सूझ बूझ से निर्णय किए और इस देश को सांप्रदायिक हिंसा से बचाया।

अटलजी का प्रधानमंत्री के रूप में अंतिम दिन

अटलजी के कार्यकाल में देश की जीडीपी वृद्धि दर बढ़कर रिकॉर्ड स्तर पर पहुँच गई। इस सरकार ने 2002 और 2003 के उत्तरार्ध में आर्थिक सुधारों को आगे बढ़ाया। सार्वजनिक एवं औद्योगिक ढाँचे के आधुनिकीकरण, विदेशी निवेश बढ़ने, उच्च प्रौद्योगिकी और आईटी उद्योग में तेजी, शहरी आधुनिकीकरण एवं विस्तार और रोजगार सृजन की वजह से देश की अंतरराष्ट्रीय छवि भी सुधरी। अच्छी फसल और मजबूत औद्योगिक विस्तार की वजह से देश की अर्थव्यवस्था में भी तेजी आई।

अटलजी ने कर प्रणाली में सुधार किया, प्रमुख सिंचाई और आवास योजनाएँ पेश की और सुधारों की गति बढ़ाई व कारोबार के अनुकूल माहौल तैयार किया। देश के आर्थिक विस्तार के लिए बढ़ते मध्यम वर्ग और युवाओं पर खास जोर दिया गया, क्योंकि वे सकारात्मक और उत्साह से भरे हैं। भारतीय मजदूर संघ और भारतीय किसान संघ जैसे

मजबूत संगठनों ने अटलजी का कड़ा विरोध किया, लेकिन इससे वह अपनी आर्थिक सुधार की नीति पेश करने से नहीं रुके।

उन्होंने पाकिस्तान के साथ शांति हासिल करने के अपने दृढ़ अंतिम प्रयास की 2003 में घोषणा की। दोनों देशों के अधिकारियों ने एक दूसरे देश का आगमन किया और सैन्य टकराव खत्म किया गया। अमेरिका, यूरोप और यहाँ तक कि पाकिस्तान के राजनेताओं सहित विश्व के विभिन्न हिस्सों के नेताओं द्वारा इसकी सराहना की गई।

अटलजी जुलाई 2003 में अपनी चीन यात्रा के दौरान विभिन्न चीनी नेताओं से मिले। चीनी नेतृत्व ने सिक्किम को भारत का हिस्सा माना और अटलजी ने तिब्बत को चीन का हिस्सा माना। बाद के सालों में चीन और भारत के बीच संबंधों में काफी सुधार हुआ।

भाजपा ने नवंबर-दिसंबर 2003 में तीन प्रमुख राज्यों के विधानसभा चुनाव जीते। उन्होंने बिना किसी वैचारिक दावों के चुनाव प्रचार किया और मुख्य रूप से विकास के मुद्दों पर चुनाव लड़ा। वे मुस्लिमों के पास भी गए। अटलजी के गिरते स्वास्थ्य और उम्र की वजह से भाजपा के दूसरे नेता लालकृष्ण आडवाणी पर जोर दिया गया।

अटलजी ने एक बार कहा था, इन चुनावों में भाजपा का नेतृत्व आडवाणीजी करेंगे। इस पर आडवाणी को यह स्पष्ट करना पड़ा कि वे केवल चुनाव प्रचार का नेतृत्व करेंगे न कि पार्टी का। अटलजी अब भी प्रधानमंत्री पद के लिए भाजपा और व्यापक तौर पर राजग की पसंद थे, क्योंकि भाजपा ने 2004 में आम चुनावों के लिए तैयारी कर ली थी।

29 जून, 2002 को अटलजी ने तमिल में अनुवाद की गईं अपनी कविताओं के संग्रह को समर्पित करते हुए सी.एन. अन्नादुरई

के साथ अपनी मित्रता का संस्मरण किया और दावा किया कि वे हिंदी के विरोधी नहीं थे और उन्होंने अटलजी की भाषा पर पकड़ की तारीफ की, हालाँकि अन्नादुरई इस भाषा को थोपने के फिर से खिलाफ थे। उन्होंने कहा, 'मुझे याद है कि मार्च 1965 में सदन में भाषा के प्रश्न पर एक बहस के दौरान कैसे उन्होंने कहा कि हिंदी को लेकर हमारी आपत्ति क्या है? मैं चाहता हूँ कि यह बहुत सपाट और बहुत सरल हो। हमें किसी भी भाषा को लेकर कोई आपत्ति नहीं है। खासतौर पर तब जब मैं अपने मित्र श्री अटलजी को बोलते हुए सुनता हूँ। मुझे लगता है कि यह एक बहुत अच्छी भाषा है।'

पार्लियामेंटरी गुडविल मिशन के सदस्य के तौर पर अटलजी ने कई देशों की यात्रा की। वे 1965 में पूर्वी अफ्रीका गए। वे 1967 में ऑस्ट्रेलिया, 1983 में यूरोपीय संसद् और 1987 में कनाडा गए। वे संसदीय प्रतिनिधिमंडल का भी हिस्सा थे। उन्होंने 1993 में जिनेवा में मानवाधिकार आयोग की बैठक में भारतीय प्रतिनिधिमंडल की अगुवाई की और खाड़ी देशों, जैसे बहरीन, ओमान और कुवैत गए विदेश मामलों की स्थायी समिति के प्रतिनिधिमंडल का नेतृत्व किया।

अटलजी ने मुस्लिम बुद्धिजीवियों के लिए अटलजी हिमायत समिति (एबीवीएचसी) नाम का एक मंच शुरू कर मुस्लिम अल्पसंख्यक समुदाय का भी ख्याल रखा। इसका उद्‍देश्य अल्पसंख्यकों के कल्याण के लिए प्रधानमंत्री द्वारा उठाए गए सकारात्मक कदमों को रेखांकित करना था। वे मुस्लिम समुदाय के बीच भाजपा के बारे में भ्रम दूर करना चाहते थे। इस समिति ने यह संदेश भेजने के लिए देश के विभिन्न हिस्सों में कई बैठकें कीं। उन्होंने घोषणा की कि समाजवादी पार्टी, बहुजन समाज पार्टी और कांग्रेस जैसी पार्टियों के नेताओं ने मुस्लिमों का इस्तेमाल वोट

बैंक के तौर पर किया है। अटलजी मुस्लिमों की मदद का निरंतर प्रयास करते रहे। यद्यपि अटलजी संघ परिवार का हिस्सा थे, उन्होंने कट्टर हिंदूवादी तत्त्वों से कभी घनिष्ठ संबंध नहीं बनाए।

एक युग का अंत

अटलजी ने 2004 के आम चुनावों के बाद प्रधानमंत्री के पद से त्यागपत्र दे दिया। एक प्रसिद्ध बयान में अटलजी ने घोषणा की कि 'अब से, लालकृष्ण आडवाणी और प्रमोद महाजन भाजपा के राम-लक्ष्मण होंगे।'

जब उन्होंने इस्तीफा दिया, उनकी आयु 81 वर्ष थी। उन्होंने 7 रेस कोर्स रोड में करीब 6 साल गुजारे और इसके बाद वे अपने संसदीय क्षेत्र लखनऊ के दो दिन के दौरे से लौटने के बाद अपने नए आवास 6 कृष्णा मेनन मार्ग स्थित अपने नए आवास में चले गए।

उन्होंने गुंबई गें एक रैली में घोषणा की कि वे अगला आम चुनाव नहीं लड़ेंगे। मैं किसी भी चुनावी राजनीति में हिस्सा नहीं लूँगा। अटलजी ने गुंबई की रैली गें कहा, 'जिन कार्यों को मैं और अन्य वरिष्ठ नेता करते रहे हैं, उन्हें आगे ले जाने के लिए कई अन्य नेता हैं।'

उन्होंने छह वर्षों तक एक गठबंधन सरकार का नेतृत्व किया। उन्होंने आगामी वर्षों के लिए अपनी पार्टी के सलाहकार के तौर पर काम करते रहने का वादा किया। जून 2004 में भाजपा के आम चुनाव हारने के बाद उन्होंने पार्टी की कमान श्री आडवाणी को सौंप दी।

भाजपा ने 2004 के चुनावों में 'इंडिया शाइनिंग' के नारे के साथ चुनाव प्रचार किया और देश की आर्थिक वृद्धि का भारी प्रचार करते हुए इसका विज्ञापन किया। चौदहवीं लोकसभा के 543 सदस्यों को

चुनने के लिए 67 करोड़ से अधिक लोग मतदान के पात्र थे। प्रधानमंत्री अटलजी ने जल्द चुनाव कराने का रास्ता साफ करने के लिए 13वीं लोकसभा समय से पहले ही भंग करने की सिफारिश की थी।

यह गठबंधन सरकार हालाँकि अपनी करीब आधी सीटें हार गई। भारतीय राष्ट्रीय कांग्रेस सबसे बड़ी पार्टी बनकर उभरी और उसने संयुक्त प्रगतिशील गठबंधन (संप्रग) सरकार बनाई। अटलजी ने इस हार की अपनी नैतिक जिम्मेदारी स्वीकार की। वे राजग के अध्यक्ष पद पर बने रहे।

प्रधानमंत्री डॉ. मनमोहन सिंह द्वारा राज्यसभा में उनके भाषण के दौरान वाजपयी को भारतीय राजनीति का भीष्म पितामह कहा गया।

अटलजी का 'भारत रत्न' से सम्मानित होना

अटलजी को उनकी उपलब्धियों और योगदान के लिए भारत के सर्वोच्च नागरिक सम्मान 'भारत रत्न' से सम्मानित किया गया। राष्ट्रपति प्रणव मुखर्जी ने खुद दिल्ली में कृष्णा मेनन मार्ग स्थित उनके आवास जाकर उन्हें इस पुरस्कार से सम्मानित किया।

यह समारोह आमतौर पर राष्ट्रपति भवन में होता है, लेकिन पूर्व प्रधानमंत्री के कमजोर स्वास्थ्य को ध्यान में रखकर अपवादस्वरूप यह किया गया। इसकी घोषणा 24 दिसंबर को की गई। इस मौके पर वर्तमान प्रधानमंत्री नरेंद्र मोदी इस समारोह में उपस्थित हुए। हामिद अंसारी, लालकृष्ण आडवाणी और मुरली मनोहर जोशी, जैसे अन्य वरिष्ठ नेता भी वहाँ थे। इन सभी लोगों ने अटलजी के कार्यकाल के दौरान उनके साथ काम किया था।

ऐसी खबरें आईं कि सोनिया गांधी को निमंत्रित नहीं किया गया,

हालाँकि मनमोहन सिंह उस समारोह में मौजूद थे।

पूर्व राष्ट्रपति ए.पी.जे. अब्दुल कलाम, जम्मू-कश्मीर के मुख्यमंत्री मुफ्ती मोहम्मद सईद, आंध्र प्रदेश के मुख्यमंत्री चंद्रबाबू नायडू और राजस्थान की मुख्यमंत्री वसुंधरा राजे व पंजाब के उप मुख्यमंत्री सुखबीर सिंह बादल भी इस कार्यक्रम में राष्ट्रीय स्वयंसेवक संघ प्रमुख मोहन भागवत और जदयू नेता शरद यादव के साथ शामिल हुए।

अटलजी की भतीजी माला तिवारी ने घोषणा की, 'हमारा परिवार नई दिल्ली में एकत्र होगा और इस बड़े सम्मान पर उन्हें बधाई देगा।' दूसरी भतीजी संध्या शुक्ला ने कहा, 'अटलजी को 'भारत रत्न' मिलने को लेकर मुझे जो खुशी है, उसे व्यक्त करने के लिए मेरे पास शब्द नहीं हैं।

अटलजी का स्वास्थ्य

अटलजी ने 2001 में मुंबई में ब्रीच कैंडी अस्पताल में घुटने की रिप्लेसमेंट सर्जरी कराई। वर्ष 2009 में दौरा पड़ने के चलते उनकी आवाज भी क्षीण हो गई थी। वह एक उत्कृष्ट वक्ता हुआ करते थे और कैसे उनके खराब स्वास्थ्य ने उन्हें शांत कर दिया। उनकी स्वास्थ्य को लेकर भारी चिंता रही है। वे आमतौर पर एक व्हीलचेयर तक सीमित हैं। उन्हें लोगों को पहचानने में भी दिक्कत होती है, क्योंकि वह भूलने की बीमारी से पीड़ित हैं। उन्हें लंबे समय से मधुमेह भी हैं। वे अपने गिरते स्वास्थ्य की वजह से किसी सार्वजनिक कार्यक्रम में नहीं जाते थे। वे आमतौर पर अपना चेकअप अखिल भारतीय आयुर्विज्ञान संस्थान (एम्स) में कराते थे।

उनसे नियमित तौर पर मिलने के लिए जानेवाले लोगों में अटलजी के करीब छह दशकों के मित्र एन.एम. घटाटे, आडवाणी और बीसी खंडूरी शामिल हैं। डॉ. मनमोहन सिंह उनके स्वास्थ्य के बारे में नियमित पूछताछ करते हैं और अटलजी के जन्मदिन पर उन्हें शुभकामना देने से कभी नहीं चूकते।

पुराने दिनों की तरह अब कोई भी व्यक्ति पार्टी के बारे में शिकायतों को लेकर या उनकी कविता सुनने उनके पास नहीं आता था। घटाटे लगभग हर सप्ताह और कभी-कभी सप्ताह में दो बार उनके पास जाते थे।

वे खुद को पुस्तकें पढ़ने और लेखन में व्यस्त रखते थे। 2004 की चुनावी हार के दो महीनों के भीतर उन्होंने राजग गठबंधन के सफल प्रयोग और कैसे कांग्रेस को भी इस रास्ते पर आना पड़ा, इस पर चार पेज का एक लेख लिखा।

अटलजी के दिन का एक बड़ा हिस्सा फिजियोथैरैपिस्टों, डॉक्टरों और नर्सों के साथ गुजरता था। वे सबकुछ समझे थे, लेकिन बातचीत नहीं कर सकते थे।

□□□

* 9 7 8 9 3 9 0 3 7 8 6 1 6 *

MAN - #0721 - 230726 - C0 - 229/152/4 - PB - 9789390378616 - Matt Lamination